憲法に「愛」を読む

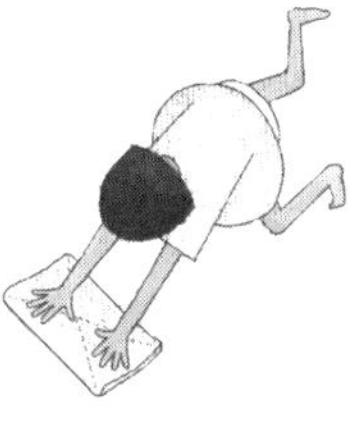

宮葉子著

Forest Books

装画　浜野史子

はじめに

昨年の春から、憲法のことを考えてきました。始まりは、大阪のたこ焼きでした。久しぶりの関西、途中下車をして、新大阪の駅チカで年下の友人と会うことになりました。友人は、新大阪駅近くで弁護士事務所を開いています。私は聖書を手に、彼女は六法全書を手に、とりわけ女性や子どもの支援に携わる仲です。

神戸育ちの身、懐かしい関西のたこ焼きは、ほおばるとじゅわっと汁が口に広がります。長い楊枝《ようじ》でつつきながら、友人との再会に温かい気持ちになっていたところ、彼女が突然言い出しました。

「憲法には、ヨウコさんの言う『愛』があると思うのよね」

そのひと言から、私と憲法との新しい関係が始まりました。

彼女はさっそく、憲法全文とともに、「あすわか（明日の自由を守る若手弁護士の会)」の作ったフライヤーや、読みやすい資料を送ってくれました。日本国憲法を学校の授業以外で読むのは初めてです。

驚いたことに、憲法の前文を読むうちに涙が出てきました。心の奥底から、何かがじんじん、と迫ってきます。あ、これは本物のことばだ、と思いました。

それから、少しずつ、少しずつ、憲法について書かれた本を読むようになりました。憲法カフェや、平和について学ぶ集まりにも顔を出し、教会や友人たちの協力を得て、自分でも憲法カフェを開きました。二〇一五年は、安保法制に反対するデモが国会を取り巻くなど、憲法への関心が一気に高まった時です。その気になれば、学ぶ機会をいくらでも見つけることができました。

「武力は持たない」「戦争はしない」という宣言は、日本国憲法の特徴的な考え方のひとつです。そのことに触れて、日本語の達人でもある作家の井上ひさしさんは、「日本国憲法は、人類の歴史からの私たちへの贈り物であり、しかも最高傑作だと私は信じています」(『井上ひさしの　子どもにつたえる日本国憲法』講談社)と書いています。

ところが、人の存在を支えるこうした贈り物は、時間が経つにつれ、当たり前となりがちです。さらに、「ただ」のものに対して、多くの人は敬意を払わないのではないでしょうか。そのように考えてみると、「聖書」という神さまからの人類への贈り物に、どこか似ているような気がします。

戦後七十年は経つので、日本国憲法は古いという意見がありますが、二千年以上前のことばである聖書と共に生きている者からしてみると、時間の長さと本質には関係がないと胸を張って言えます。必要なのは、そのことばが続いてきた意味を、歴史を鑑みつつも、まさに今、「私」へのメッセージとしてとらえ直し、個人的に出会うことだと思います。

ことばはその人の思考を作り、人格を作り、関係性を作ります。日本国憲法のことばに出会うとは、日本国民としての自分に出会う作業だと言えそうです。また、自分たちが先達の失敗の上に、戦後、どれほどの恵みの中で生きているのかを知る作業でもあるでしょう。

この本は、まずは、日ごろ聖書に親しんでいるみなさんに、憲法を「感じて」もらいたくて書きました。憲法の考え方と聖書の教えには、その根っこに通じるものがあるように感じるからです。ただ、両者をつなげて、憲法における聖書の影響といった学術的な検証をしたいわけではありません。むしろ、憲法をよく知らずにいた者が、その中にある光を発見していく喜びを分かち合いたい、そんな個人的な思いに発した心の旅の軌跡です。

もちろん、たとえ聖書を知らなくとも、憲法の光を感じてもらえるように、できるだけ身近なことばで書きました。また、次世代、特に中高生の人にも読んでもらえるように配慮しました。ですから、日本国憲法の骨格ともいえる前文や第九条、個人の尊重に関する第一三条などを中心にして、その考え方の基本的なことを取り扱いました。

ある男性弁護士は、平和を守っていくには、想像力が肝心なのだと言います。

人の痛みを自分のことのように感じられる共感力、と言い換えてもいいでしょう。あるいは、武器を手にするとどのような悲惨が起きるかを考えられる力、とも言えるかもしれません。

憲法にはどのような愛が隠されているのでしょうか。

みなさんも、本書を手に、憲法への小さな旅に出かけてみませんか。そして、その愛を見つけ、次世代に伝える人となってくだされば嬉しいです。

もくじ

監修・弁護士　橋本智子

第一章

憲法前文を、声に出して読んでみる

日本国憲法前文

日本国民は、正当に選挙された国会における代表者を通じて行動し、われらとわれらの子孫のために、諸国民との協和による成果と、わが国全土にわたつて自由のもたらす恵沢《けいたく》を確保し、政府の行為によつて再び戦争の惨禍《さんか》が起ることのないやうにすることを決意し、ここに主権が国民に存することを宣言し、この憲法を確定する。そもそも国政は、国民の厳粛《げんしゅく》な信託《しんたく》によるものであつて、その権威は国民に由来し、その権力は国民の代表者がこれを行使し、その福利《ふくり》は国民がこれを享受《きょうじゅ》する。これは人類普遍の原理であり、この憲法は、かかる原理に基くものである。われらは、これに反する一切の憲法、法令及び詔勅《しょうちょく》を排除する。

日本国民は、恒久《こうきゅう》の平和を念願し、人間相互の関係を支配する崇高《すうこう》な理想を深く自覚するのであつて、平和を愛する諸国民の公正と信義に信頼して、われらの安全と生存を保持しようと決意した。われらは、平和を維持し、専制《せんせい》と隷従《れいじゅう》、圧迫と偏狭《へんきょう》を地上から永遠に除去しようと努めてゐる国際社会において、名誉ある地位を占めたいと思ふ。われらは、全世界の国民が、ひとしく恐怖と欠乏から免《まぬ》かれ、平和のうちに生存する権利を有することを確認する。

われらは、いづれの国家も、自国のことのみに専念して他国を無視してはならないのであつて、政治道徳の法則は、普遍的なものであり、この法則に従ふことは、自国の主権を維持し、他国と対等関係に立たうとする各国の責務であると信ずる。

日本国民は、国家の名誉にかけ、全力をあげてこの崇高な理想と目的を達成することを誓ふ。

＊憲法のふりがなは編集部が付記した。

⚖「憲法カフェ」で前文に挑戦

憲法に関心を持ってから、ときどき前文を声に出して読むことがあります。すると、なぜか、映像でしか見たことのない戦後の焼け野原と青い空が思い起こされます。再び立ち上がろうとしている当時の日本人の気持ちにまで想像が及び、涙腺が緩みます。あまりに感傷的だと言われそうですが、それだけの強い決意が、この前文にはあると感じるからです。

その前文を、声に出して読む集まりがあると知ったのは、SNSを通して、開催当日の朝でした。すぐに電話で問い合わせてみると、どうぞ、とあっさり言われました。当日に空きがあるくらいなので、ごく小規模な集まりだろうと気軽に出かけてみますと、小さな角部屋には、すでに三十名以上の人たちが丸くなって座っていました。

東京ＹＷＣＡが、平和な社会の実現を考える場として、五年前から続けている学びの一環で、この日は二十一回目とのことでした。世代の幅は広く、年配の人、学生らしき人、また、小さな子ども連れの人もいます。どちらかと言えば女性の姿が目立ちます。

まずは、日本語の憲法前文に加え、英文版（一九四六年発行の日本国憲法の英訳）のプリントも配られ、みんなでゆっくりと音読しました。さらに、句点、つまりマルのところまで、一文ずつ検討していきます。一文字下がっての形式段落は四つ、全部合わせても文は九つですから、ひとつの文が長めです。

司会者が自由な意見を促しますと、静けさは一転し、さっそく冒頭の「日本国民は」のところで、侃々諤々《かんかんがくがく》となりました。例えば、こんな意見です。「国民」よりも、「人民」の方がよかったのではないか。いや、時間がない中で作った理想だから、そこを考慮するならばことばじりに躓《つまず》いてはいけない。元になったＧＨＱの草案も同様に「We, the Japanese people」であり、直訳ではない。わざと曖昧な日本語にして、後の時代にどちらともとれるようなゆとりのあることばにして訳したのではないか等々。

このやりとりを聞きながら、神学校の授業をふと思い出しました。聖書の読み方として心に刻みつけられたのは、三段階を追う大切さです。つまり、釈義、解釈、適用。そのときそこで（どう語られ）、今ここで（どう読み）、それではどのように（実行するか）、と段階を追って読み解いていきます。

旧約聖書に及んでは紀元前の歴史ですから、釈義を考えるためには、当時のイスラエルの歴史と状況、ヘブル語まで調べなくてはなりません。同時にそれは、今という時代を生きる私たちのために書かれたことばでもあります。

もちろん、神のことばである聖書と、人が作った憲法とを、同じ土俵で考えてはならないでしょう。それでも、長い時間を経てなお生き続けていることばには、普遍的な真理が必ずどこかにあるものだと思います。

実際、前文には、「これは人類普遍の原理」という表現があります。英文は「This

is a universal principle of mankind.」、スケール感を覚えます。

ここでの「これは」とは何かというと、素直に読めば、前の文全体を指しています。『井上ひさしの 子どもにつたえる日本国憲法』によると、指示語の箇所は次のようになります。

「私たちは代わりの人たちに　国を治めさせることにした　その人たちに力があるのは　私たちが任せたからであり　その人たちがつくりだした値打ちは　私たちのものである」

そして、続きます。

「これは世界のどこもそうであって　この憲法もその考えをもとにしている」

人の集まりでは、声の大きい人、弁の立つ人など、目立つ人が場を支配することがあります。けれども、世界の人たちが考える基準は違うと憲法は言います。政治というものは、ひと握りの強い人たちが勝手に決めるものではなく、国民一人ひとりが信頼して託した代表が、私たちの思いを真摯に受け止めて行うもの。

そうして行われた政治によって得られた幸福は、私たちみんなに還元される。これが国民主権と言われる考えです。日本国憲法はこの考えを土台にしています。となると、政治は、私たちの持っているものを奪うのではなく、幸せを与えるのが役目、国民に仕えるのが本来の立ち位置だと言えそうです。第一五条には「すべて公務員は、全体の奉仕者であって、一部の奉仕者ではない」と、わざわざ「奉仕者」ということばを使っています。

国民主権では、一人ひとりの人権と平和を守ることを大切にします。人権とは、だれもが一人の人として、生まれながらに尊いという価値観です。それを実現するためには、平和が欠かせません。「人権と平和」という最強ペアを守り育むために、戦後の日本は世界に共通する最良の考えを選びました。

日野原重明医師は、憲法について「いのちの泉のようなもの」(『十代のきみたちへ――ぜひ読んでほしい憲法の本』(冨山房インターナショナル)と表現されています。深い山の中で湧き出している清水は、だれが見ても大切なものだとわかります。こんこんと湧き出るいのちの水を、静かに守る泉。人間の命と憲法との関係を、日野原医師はそのようにとらえておられます。

「国民主権」「平和主義」「基本的人権の尊重」

教科書で習いながらも、どこか距離を感じてきた三つのことばが、少しずつつながってきました。日本を特徴づけるこれらの個性を確保するために、憲法を確立しました。前文で堂々と誓っているのはこのことです。日本中に自由という恵みをもたらし、これからは争いではなく平和を選び続けるという宣言です。大胆な平和への誓いに、胸のすく思いがします。

「そもそも」の心意気

この日、大変盛り上がった箇所があります。それは、二文目、「そもそも国政は、国民の厳粛な信託によるものであって、その権威は国民に由来し、その権力は国民の代表者がこれを行使し、その福利は国民がこれを享受する」の冒頭にある「そもそも」ということばです。この英文版にも、「そもそも」に該当する単語が見当たりません。

一九四五年、日本は第二次世界大戦に敗れ、連合国であるアメリカの占領下に置かれました。翌年、GHQ（連合国総司令部）は、天皇主権の大日本帝国憲法（明治憲法）に代わる国民主権の草案を作って、日本政府に提案しました。これを受けて、日本政府は慎重に翻訳や折衝を重ね、明治憲法で決められた改正手続きに従い、「憲法改正草案」として帝国議会に提出。さらに踏み込んだ審議を経て、可決されました。そして、一九四六年十一月三日に日本国憲法として国民に公布、同日、「英文官報号外」には英文版も掲載されました。施行は一九四七年五月三日。現在の憲法記念日です。

翻訳家の池田香代子さんが手がけられた英文版からの新訳条文『やさしいことばで日本国憲法』（マガジンハウス）によると、前述した二文目は、「国政とは、その国の人びとの信頼をなによりも重くうけとめてなされるものです」とあり、やはり単に「国政は」で始まっています。

では、現行日本国憲法にある「そもそも」とは、いったい何なのか。この日、最も多かった意見は、念押しのことばというものでした。

日本語で「そもそも」という単語は、何かを順序立てて説明する場合によく使います。主語である「国政」、これは「人類普遍の原理」に関わることですから、強調してもあまりあるほど重要なところです。国政とは本来何たるかを説き起こそうとして、開口一番に、ファンファーレよろしく置かれたことばではないでしょうか。

試しに、当時の日本国民の気持ちを勝手に想像してみました。

「しっかり聞いてよね。国の政治は、そもそも、国民のためにあるんだよ。国民があなたたちを信頼して任せるものなんだよ。わかってる？　あんなひどい戦争を政府の都合で勝手にしたよね。絶対もうだめだからね。権利の源は、私たちにあるんだから、これからは絶対に勝手なことはしないでよね。そもそも、主人公は私たちなんだよ」

この文のある第一段落の最後には、「われらは、これに反する一切の憲法、法令及び詔勅を排除する」と、さらに強烈な念押しがあります。

日本国憲法は、容易には改憲できない仕組みを採っています。改憲が困難な憲法を、法律用語では、「硬性憲法《こうせいけんぽう》」と呼ぶそうです。日本国憲法は、世の流れに軽々しくなびかず、硬派で筋を通す。私が惚れた理由のひとつは、こんなところにあるのかもしれません。

青い空、強い決意

英訳と比較しながら読み進めるうちに、私が憲法前文と青い空とをつなげてイメージする理由が、おぼろに見えてきました。それは、「決意する」という単語の持つ強靭さにあるようです。英語では「determine」。二度、同じ単語が前文の中で使われています。いずれも、平和に関する部分です。

第一段落では、戦争が二度と起きないように「決意」し、第二段落では、相手を信頼するという崇高な手段によって、自分たちの身を守ることを「決意」しています。この二重の決意によって、徹底した平和主義を表明しています。

憲法は告白します。私たちを信じてください、私たちも平和を愛するあなたたちを信じます。信じるというのは、これ以上ないほどに互いを固く結びつける心の方向性です。ここには、「信じ合える」関係を築いていこうとする積極的な平和への意思も含まれています。まさに、高く青い空に向かって宣誓するごとき気概を、私はこの箇所に感じます。

さて、最後には、硬派でひたむきなわれらの日本国憲法は、次のように誓って、締めくくります。

「日本国民は、国家の名誉にかけ、全力をあげてこの崇高な理想と目的を達成することを誓ふ」
なんと凛々《りり》しい決意でしょう。

⚖日本国の理想と理念

ここまで読んでみると、憲法の前文には、戦後、新しい出発をするにあたって、日本国が目指すべき理想や理念が書かれていることがわかります。理想だから、現実的ではないという意見は、当然聞かれます。日本語では、現実の反対語が理想なのですから、現実とは違って当たり前だと思います。

これを掲げたときの日本国は、戦いに取り憑《つ》かれ、アジアの国々を侵略し続けていました。ところが、敗戦というかたちで終止し、みんなでまったく新しく向きを変えようとしました。

いや、これは押し付け憲法だという声も聞きます。ダグラス・マッカーサーを最高司令官とするＧＨＱは、アメリカでは果たし得なかった理想を草案に盛り込んだに過ぎないと。悪いものを押し付けられたのであれば、憤慨したいところですが、当時の政府には考えもつかなかった三つの個性を提案してもらい、今となればよかったと安堵します。

日本は降伏する際、一九四五年の夏、連合国によるポツダム宣言を受諾しました。それは、民主主義を推進し、基本的人権を尊重する国家へと、憲法改正をも含めて大胆な改革を求めるものでした。

ところが、当時の松本烝治《じょうじ》国務大臣が率いる憲法問題調査委員会による試案は、民主主義の実現どころか、大日本帝国憲法（明治憲法）の焼き直しに近い内容でした。一九四六年二月、毎日新聞のスクープによってそれが明るみにされ、驚いたＧＨＱ側は、急遽《きょ》自分たちで草案を作ることになりました。

また、ＧＨＱの草案は完全なオリジナルではなく、憲法の研究者・鈴木安蔵ら日本人によって起草された憲法草案要綱を参考にしたこともわかっています。明治憲法ができる以前、板垣退助等を中心にした自由民権運動の中、国民主権を実現した世界の先例に学びながら、多くの日本人が憲法の試案を作ってきました。これらの研究成果を踏まえたものが、憲法草案要綱です。人類普遍の原理が世界から手渡され、ようやく日本でも日の目を見たのが、この日本国憲法と言えるのではないでしょうか。

⚖ビジョンとしての憲法

私はむしろ、これらは理想というよりも、どのような国でありたいかを明確にしたビジョンだと感じます。「幻のない民は滅びる」と聖書は箴言二十九章十八節で言います。この場合の「幻」は、「ビジョン」にも置き換えられます。同じ箇所には、「幻がなければ、民はほしいままにふるまう」「幻がなければ民は堕落する」という日本語訳もあります。

ビジョンのある国民は、生きがいのある国民です。私たちが迷ったとき、ビジョンは最初の志を思い起こさせ、選択すべき方向を見せてくれます。私たちは、戦後七十年以上、このビジョンを掲げて走り続けているところです。理想からどんどん遠ざかっている今の日本や世界を見て、反対語である「現実」レベルに、私たちの国のかたちを引き下げたくはありません。そもそも、理想とは、将来を見る希望の眼差しを与えてくれるものなのですから。

声に出して前文を読んで話し合う。ただそのことだけで、憲法の新しい声がさまざまに聞こえてきたような気がします。

「憲法カフェ」というタイトルの付いている集まりでしたが、そういえばお茶を飲むのも忘れて白熱していました。二時間の話し合いを区切りに、いったんお開きとなりました。土曜日の夕方、上着を着て帰りを急ぐ私に、扉の近くに立っていた女性が、お菓子をどうぞ、と渡してくださいました。小さなチョコレート菓子と、「そもそも」を冒頭に付けた当時の日本人の心意気をお土産に、その方と再会の約束をして、会場を後にしました。

第二章

立憲主義 1

王様に指輪をさせない

第九九条

天皇又は摂政《せっしょう》及び国務大臣、国会議員、裁判官その他の公務員は、この憲法を尊重し擁護《ようご》する義務を負ふ。

⚖ 憲法は私たちから国家権力への命令

二〇一五年九月、安保法制が国会で可決される前週の夜、銀座の教文館の六階で開かれた憲法の勉強会に参加しました。戦争への扉を開けてはならないと思っている大人たち、そのほとんどは女性でしたが、子どもの本の専門店「ナルニア国」に集結しました。目に見えない重苦しさが、影のように迫りくるのを感じ取ることは、子どもの本を愛する人たちの得意とするような気がします。危機感を覚え、その何かを見極めるべく集まってきた静かな連帯感とでもいう熱気が、互いに語らずとも会場を覆っていました。

その日の講師は、「憲法の伝道師」との愛称を持ち、全国各種の集まりで講演をされている伊藤真《まこと》弁護士でした。明快な語りに引き込まれながら、日本国憲法制定の経緯から改憲問題までを、一気に頭に詰め込みました。帰宅してから記憶を取り出してみると、ともかく「リッケンシュギ」の響きだけはしっかりと残っていました。この堅苦しい四字熟語「立憲主義」こそ、憲法にある愛の源かもしれないと感じたからです。

立憲主義。四つ並んだ漢字をそのまま開くと、「憲法に立つ考え」。憲法に立って、物事を考え、決定していく。そもそも国政は、私たち国民のためにあります。立憲主義とは、国家権力が実際に憲法を守り、暴走しないためのいわばブレーキ。いかめしい四字熟語の素顔は、国民思いの頼もしい兄貴分です。

憲法は百三条あり、最後の四条は補則です。条文の実質的な締めくくりにあたる第九九条にはこう書かれています。

「天皇又は摂政及び国務大臣、国会議員、裁判官その他の公務員は、この憲法を尊重し擁護する義務を負ふ」

明治政府に国民主権という考え方はなく、明治憲法は天皇から国民への「命令」および「恩恵」でした。ところが、戦争に負け、神であると思われていた天皇は、自らの宣言で人間に戻り、象徴、すなわちシンボルに変わりました。ほどなく、正規の改正手続きを経て日本国憲法が公布され、憲法が命じる矢印は、くるりと反対に変わりました。第九九条にある「天皇又は摂政及び国務大臣、国会議員、裁判官その他の公務員」をまとめれば、国家権力です。つまり、憲法とは、国民である私たちから国家権力への命令なのです。

え、憲法って私たちが守るものではなくて、国が守るものなの？

これは、憲法初心者がこぞって驚くツボらしく、私も案の定、自分の無知を恥じつつ、驚きました。「法」という文字が付くと反射的に、自分が守るものだと長年の間に思い込まされてきたためでしょうか。

日本弁護士連合会のサイトには、このように説明されています。

「憲法は、国民の権利・自由を守るために、国がやってはいけないこと（またはやるべきこと）について国民が定めた決まり（最高法規）です。このように、国民が制定した憲法によって国家権力を制限し、人権保障をはかることを『立憲主義』といい、憲法について最も基本的で大切な考え方です」

強者を規制し、弱者を守る

立憲主義が生まれた背景をたどっていくと、そこには権力を独り占めしていた王様の姿が見えてきます。その昔、国と言っても、王様の私有物同然の時代がありました。王様が好き勝手に法律を作り、命令し、従わなければ殺される。これではだれも安心して暮らせません。

国民が特に苦しめられたのは、戦争と税金でした。権力である王様は、土地を広げるために戦争を起こします。戦争にはお金と戦力が必要となり、国民はどちらも提供しなくてはなりません。

人間は王様の持ち物ではない。自分らしく生きたい。平和に暮らしたい。人々は立ち上がり、意見を述べ、戦い、少しずつ自分たちの権利を勝ち取ってきました。そうして、国民が主役となる国民国家が世界中で誕生していきます。

憲法学者の樋口陽一さんの著書を通して、「四つの八九年説」を知りました。近・現代史を見ると、面白いことに気付きます。百年ごとに国民主権が世界で広がっているのです。

最初はイギリスからです。一六八九年、イギリス革命の最後に、「ビル・オブ・ライツ」（「権利章典」）という憲法ができました。ここにはまだ人権という考えは確立されていませんが、王様の勝手を許さないことを発布し、議会の権力を優位にしました。

　次はフランス。百年後の一七八九年、「人権宣言」（「人および市民の権利の宣言」）が議会で議決され、憲法が誕生しました。人権という概念が憲法に登場した世界史的に画期的な出来事です。あのヴェルサイユ宮殿が造られ、王侯貴族が贅沢三昧《ぜいたくざんまい》を味わっていた一方で、国民は重税にあえいでいました。やがて、変革を目指し、武器を持って立ち上がります。まだ立憲主義という考えは見られず、多くの血が流されました。

　それから百年後の一八八九年。日本において、大日本帝国憲法（明治憲法）が公布されました。

　さらに百年後。一九八九年、中国で、民主化を求めて立ち上がった市民と、軍とが衝突した天安門事件が起こりました。また、東西ドイツでは、東西冷戦と民族分断の象徴であるベルリンの壁が、市民によって破壊されました。このときには、ベルリンでの流血騒ぎはなく、ひとりの犠牲者も出ませんでした。

「それ以降のソ連・東欧圏の大きな変化を見ても、奇《く》しくも、『人権宣言二〇〇年』の年に、二〇〇年前に掲げられた人権という思想が改めて復権してきたことの意義深さを見るのです」（『「日本国憲法」を読み直す』講談社）と樋口さんは語ります。

この本は、井上ひさしさんとの対談形式で書かれています。井上さんは、樋口さんの説について、ご自分なりの要約を語られます。

「世界はこれまでいろんな形で前進したり、後退したり、引っ繰り返ったりしながらも、たとえば、人権の面では血を流しながらじりじりと前に進んでおり、一人ひとりが大事だというところへ近づいてきた。そのいちばんいいところ、世界中の人たちがあっちこっちで血を流して獲得してきたよきものが、戦後の日本へ持ち込まれた……」（同書）

立憲主義は、権力で国民を苦しめる王様に、憲法で規制を加えることから始まりました。さらに、多数決で物事を決めていく民主主義が進むにつれ、新たな気付きが起こりました。王様だけではなく、強い立場にいる者にも制限が必要ではないかと。多数決が尊重されると、今度は数の論理が優位に立ち、少数、つまり弱い立場の者が排斥される危険があるからです。

例えば、十人のうち八人までが戦争をしたいと言い出します。多数決だけでは、残りの二人の意見は無視される。そんなことがないように、憲法がだめだよ、と声を上げて守ってくれます。

立憲主義は時代の雰囲気や目先の利益に流されることがないように、弱い立場の人たちを守ってくれます。兄貴分どころか、正義の味方です。

人類の叡智《えいち》

また、立憲主義は謙虚です。人間は間違うものだと知っているからです。どんなに賢く見えても、人は間違えます。特に、権力を持つことには、底知れぬ魅力があるようです。

トールキンの著書『指輪物語』を私は思い出します。二〇〇二年から日本で公開された映画『ロード・オブ・ザ・リング』の原作だと言えばわかるでしょうか。本作の大半は第二次世界大戦中に執筆されました。

ホビット族のフロドは、養父のビルボから金の指輪を譲り受けます。それは、冥王サウロンの邪悪な魔力を持ったただひとつの指輪でした。

指輪をはめると、姿が見えなくなります。しかし、それはほんの一部の力に過ぎません。いったん指にはめると、次第に心が指輪に支配されていきます。指輪を使いこなすことはだれにもできません。その絶大な力は、良い動機を悪に変え、正義を愛する人でさえ、欲に溺れて別人のように変わります。

指輪はこの世界にある限り、影響を与えます。隠しても、しまっても、指輪はささやき続けます。もう、破壊するしかありません。ところが、指輪はそれが作られたモルドール国の滅びの山の火口へ投げ込むしか手立てがなく、フロドは仲間と共に、かの地を目指して苦難の旅に発ちます。

人間は弱いものです。権力を手にして、大丈夫だと言える人はひとりもいないと思います。伊藤真弁護士は、人間は間違うものだという前提に立った立憲主義を、「人類の叡智」だと教えてくださいました。

歴史は語ります。人間は悪に傾く心を持っていると。戦争は、だれかが始めなくては起こりません。ホロコーストという狂気を作り出したのも、原子爆弾を試したがるのも人間です。生まれながらの人間は、破滅へと続く見えない糸につながれているのだと思います。

人間は、時が経つと、不思議なようにこうした失敗を忘れてしまいます。だからこそ、立憲主義を土台に据え、今も世界を守っているのだと思います。

第三章

立憲主義 2

聖書に見る王と民の歴史

第九八条

1　この憲法は、国の最高法規であつて、その条規に反する法律、命令、詔勅《しょうちょく》及び国務に関するその他の行為の全部又は一部は、その効力を有しない。

2　日本国が締結した条約及び確立された国際法規は、これを誠実に遵守《じゅんしゅ》することを必要とする。

⚖旧約聖書に見る、人類最初の失敗

「立憲主義」は法学部の学生には基本の「き」。憲法の授業で真っ先に学ぶものだそうです。私も憲法を知るにつれ、リッケンシュギがね、などと口にするようになりました。

立憲主義は、王様の独りよがりを防ぐ装置だと、だんだんわかってきました。これが人類の失敗の歴史から生まれたとすれば、聖書から学ぶことにも何か意義がありそうです。というのも、イエス・キリストの誕生以前を記録した旧約聖書とは、人類の失敗の歴史とも言えるからです。ここでは視点を変えて、試みとして「王」をキーワードに、聖書から人類の失敗の歴史を振り返って、立憲主義がなぜ必要なのかを考えてみたいと思います。

旧約聖書の書き出しはシンプルです。「初めに、神が天と地を創造した」（創世記一章一節）とあります。世界の最初は、神自身が王様です。神は人を造り、祝福しました。お互いに、愛し愛されるという明快な関係でした。「神のかたち」に造られた人は、世界を適切に管理するという特別な役目を任されました。神は創造のわざすべてを見て言いました。

「見よ。それは非常に良かった」（同一章三一節）

最初の人、アダムとエバという夫婦に、神は幸せに生きるためのルールを教えます。これは神が人に与えた最初の律法と言われています。

「あなたは、園のどの木からでも思いのまま食べてよい。しかし、善悪の知識の木からは取って食べてはならない。それを取って食べるとき、あなたは必ず死ぬ」(同二章一六、一七節)

しかし、女は蛇のささやきに負け、夫は妻のささやきに負け、結局のところ、二人とも自分の思いに負けて、このルールを破ってしまいます。すぐに、人の世界は深刻なまでに悪化します。

「主は、地上に人の悪が増大し、その心に計ることがみな、いつも悪いことだけに傾くのをご覧になった」(同六章五節)

神は人を造ったことを悔やみます。有名なノアの大洪水により、いったんはすべてが流されます。再出発をした地で、ノアがまず行ったことは神への礼拝でした。そのとき、神はこう言います。

「わたしは、決して再び人のゆえに、この地をのろうことはすまい。人の心の思い計ることは、初めから悪であるからだ。わたしは、決して再び、わたしがしたように、すべての生き物を打ち滅ぼすことはすまい」（同八章二一節）

神はひとつの民、イスラエルを建て上げます。ところが、人は相変わらず自分勝手に歩んだ結果、民は異教の国エジプトで奴隷にされます。しかし、神は諦めず、指導者モーセを彼らの解放のために遣わします。「出エジプト」と呼ばれる出来事です。このとき、神は「十戒」といって、十個の律法を民に手渡しました。「～してはならない」と、禁止命令形で書かれているので窮屈な印象ですが、いわば幸せに生きるための十個のルールです。神を愛し、隣人を愛しなさい、と要約できます。

⚖ 王のいない時代

民はまだ国という領土を持っていません。民が国家を作るためには、定住する土地が必要でした。神の約束されたカナンの地に向かって、民の大移動が始まります。しかし、民はすぐさま、荒地の行路に不平不満。不従順を続けた結果、カナンに入るまでに四十年間もの歳月を要しました。

カナンでは、次世代の指導者として、勇敢で誠実なヨシュアが立てられます。彼の死後は求心力を失い、統一された政治機構も首都もなく、イスラエルの十二部族がそれぞれ思うままに歩んでいました。世代が変わるにつれ、祖先の苦労や失敗は忘れ去られ、自分たちの神を捨てていきます。むしろ、人のこしらえた神や目に見える像、まじない等を好み、うまいことを言う相手に心を奪われます。

社会は不品行と不正であふれます。神は堕落していく民を見て、今度は「さばきつかさ」、日本語で「士師《しし》」という指導者を遣わします。原語のヘブル語では、「ショーフェート」、裁くもの、治めるもの、といった意味です。

さばきつかさが指導者として活躍した時代は、旧約聖書の士師記に書かれています。強力なさばきつかさが立つと、民は生き方を改めようとしますが、指導者が亡くなると逆戻りします。この繰り返しは三百年以上続きました。二十一章ある士師記はこう閉じます。

「そのころ、イスラエルには王がなく、めいめいが自分の目に正しいと見えることを行っていた」（士師記二一章二五節）

王を求めた代償

最後のさばきつかさとして立てられたのが、サムエルでした。

イスラエルでは、軍事力を誇る戦争好きなペリシテ人が、イスラエルを苦しめていました。三万人超の兵士が殺され、神の契約の箱という神からの大切な預かり物まで奪われ、国の危機的状況となります。

サムエルは、神からのことばを受けて、行いを改め心を主に向けるように、とイスラエルの民全員に告げます。すると、イスラエルの民は、大慌てでこのことばに従います。危機を前にした変わり身の早さもひとつの特徴です。

神は大きな雷鳴をとどろかせてペリシテ人をかき乱し、その間にイスラエルの民が打ち負かします。奪われた領土を取り戻し、サムエルの生きている間にはペリシテ人が攻めてくることはありませんでした。

さばきつかさとして、神のことばをだれよりも多く取り次いだサムエルでしたが、子育てには甘かったようです。息子たちは神の教えをさっぱり守らず、賄賂《わいろ》に手を出すだめぶりでした。息子たちに祭司職を譲ろうとしますが、民が納得しません。他の異教の国のように自分たちにも王が欲しいと民が言い出します。聖書に記録されたイスラエルの歴史に、人の王が登場するのはここからです。

興味深いことに、神はその要求を快く思わないにもかかわらず、民の声を聞き入れます。神は人を愛の対象として創造しました。それは、意のままに遠隔操作できるものとしてではなく、自ら考えて選択する自由な意思を持つものとして造りました。

しかし、私たちは、自己中心的に考える傾向があり、間違えやすい。ですから、神は人間を思い、アダムとエバにしたように、あらかじめ民に警告を与えるように、とサムエルに伝えます。それは、王を求めた代償として、これから戦争や税に苦しめられるというものでした。

サムエルは民に言います。

「その日になって、あなたがたが、自分たちに選んだ王ゆえに、助けを求めて叫んでも、その日、主はあなたがたに答えてくださらない」（サムエル記第一　八章一八節）

民の応答には、私たちにも身に覚えがありそうです。

「いや。どうしても、私たちの上には王がいなくてはなりません。私たちも、ほかのすべての国民のようになり、私たちの王が私たちをさばき、王が私たちの先に立って出陣し、私たちの戦いを戦ってくれるでしょう」（同八章一九、二〇節）

民の苦しみの始まり

このようにして、イスラエルの王政時代が始まりました。初代の王はサウルです。背が高く美しい容姿の若者で、軍事指導者としての能力も高く、民の信頼を一身に集めました。

しかし、やがて指輪の魔力に取り憑かれます。戦争の不安から、霊媒師に頼ってみたり、忠実に仕えてきたダビデへの嫉妬と猜疑心にかられて、心を病むまでになります。神はそのようなサウルを指してこう言います。

「わたしはサウルを王に任じたことを悔いる。彼はわたしに背を向け、わたし

のことばを守らなかったからだ」（サムエル記第一　一五章一一節）

サウル家は没落します。次に続くダビデは、旧約聖書で一番有名な王だと思います。エルサレムを首都に据え、強大な統一国家を建て上げて、繁栄を誇りました。イエス・キリストは、このダビデの家系です。

しかし、そのダビデでさえ、権力を私物化してしまいます。人妻バテ・シェバに目を奪われ、強引に自分のものとしただけではなく、自分の罪を隠すために、王様という権力を利用して、その夫ウリヤを戦場の最前線に送り込んで戦死させます。

その後、ダビデは過ちを認め、神に悔い改めます。神は再び彼にチャンスを与えます。こうして、偉大な王として、また、詩篇のおもな作者として聖書に名を残しますが、サムエルと同様、子育てには苦労しました。

その後のイスラエルの王政は、おもに旧約聖書の列王記と歴代誌で読むことができます。これらの記録の中にあるのは、権力濫用の危険性と、人間は間違えるものだという歴史の証です。
ダビデの時代に統一された国家は、南ユダ、北イスラエルという二つの王国に分裂し、どちらも近隣の大国に敗れ、民は戦勝国へ捕虜として連行されます。まるで、エジプトでの奴隷時代へと歴史が逆戻りしたようです。北イスラエル王国は領土を失い、連れて行かれたアッシリアで民も消滅します。一方の南ユダ王国の民は、バビロンで捕囚となった後、全員が解放されるまでには、七十年も必要でした。イエス・キリストが神と人との関係修復のため地上に誕生するのは、それから五百年以上も後のことです。

⚖「それを取って食べるとき、あなたは必ず死ぬ」

最初の人、アダムとエバが「善悪の知識の木」を食べた代償は、まるで使用済み核燃料のように、人間の手では完全には処分しきれない、負の遺産として綿々と受け継がれてきました。何が善で、何が悪か。本当にそれを理解しているのは、この世界を創造した神だけだと聖書は言います。しかし、アダムとエバが、善悪の判断を神から奪い取って以来、人は苦しみ続けているとも聖書は言います。旧約聖書の歴史から見えることは、人が集まると、権力者にせよ、国民にせよ、正しい判断をし続けることの難しさです。

世界の始まりは、輝く楽園だったことでしょう。光に満ちた世界の中で、神は人にひとつだけ命じました。たったひとつです。ところが、そのひとつを、人は守れませんでした。楽園には、食べる物がふんだんにあったにもかかわらず。世界の綻《ほころ》びはここから始まりました。

憲法は神の律法ではありませんが、戦後、新しい日本の国を立ち上げるために、歴史から与えられた贈り物ではあるでしょう。国家を動かしていく上で、憲法に違反してはいけないというルールが立憲主義という考えです。ところが、命じられる側は、どうしてもそこから逃げ出したくなる。聖書で言えば、アダムもエバも、イスラエルの民も、王たちも、神との約束を破って失敗しました。

今の日本ではどうでしょう。立憲主義という約束の縄目をほどいて、自分たちの思うがままにしたい。今、このようなささやきが、日本を欺こうとしているとは言い過ぎでしょうか。

立憲主義について学ぶまでは、国の政治は遠い山のようで、私はただ見ているだけでした。ところが、立憲主義に近づくにつれ、自分の足で日本の国という山を登っている実感を少しずつ得ています。同時に、困惑も増しますが、次第に見えてくる景色の広がりには、勇気をもらっています。何が善で何が悪か。完璧な判断は私にもできません。ただ、権力を持つ人たちのことばを見分けていく感受性は、少しずつ身に着いたと思います。

アダムとエバは、蛇に巧みに騙《だま》されました。権力者が国民に向ける巧妙なことばを、私たちも聞き分けていかなくてはと思います。

アダムとエバに伝えた神の忠告が心に響きます。

「それを取って食べるとき、あなたは必ず死ぬ」

第四章

基本的人権　1

一人ひとりかけがえのない存在

第一三条

すべて国民は、個人として尊重される。生命、自由及び幸福追求に対する国民の権利については、公共の福祉に反しない限り、立法その他の国政の上で、最大の尊重を必要とする。

⚖個人の尊厳、憲法がいちばん大切にするもの

気になりつつも、行きづらく感じていた憲法カフェに、初めて参加したのは二〇一五年の夏でした。

講師の武井由紀子弁護士が、第九条を英字でプリントしたTシャツを着て現れました。早速、テンポよく紙芝居を読み進めての幕開けです。私にとっては、紙

芝居は教会の子ども会でおなじみですが、演じ手ではなく聞き手に回るのが新鮮でした。

題名は「王様を縛る法～憲法のはじまり～」。あすわか（明日の自由を守る若手弁護士の会）オリジナルの紙芝居のようです。その中に、立憲主義の役割を、わかりやすく描いた一枚の絵がありました。

独裁的な王様が、気に入らない言動の人を処罰しようと、今まさに斧を振り上げようとしています。ところが、な、なんと、その手首には囚人の付ける鎖が。あれっ、自由が利かない。鎖は重いおもりに、がっちりつながれているではないですか……。

その金色に輝くおもりの絵には、よく見ると「憲法」の名が付いています。子どものように口を開けて見ていた私には、この場面がいちばん印象に残りました。鎖でつながれた王様の姿。さらに立憲主義という字面《じづら》の硬さ。立憲主義は厳しい、と胸に刻み込まれました。

ところが、武井弁護士の情熱あふれる解説をうかがっているうちに、いや、本質はそこにはないのだとわかり始めました。

「すべては個人の尊厳のためにあります。これがいちばん大切です。一人ひとりが人間らしく自分らしく生きること。これを実現するために、憲法があります」

おそらく同じような文言を、学校の授業で何度か聞いてきたとは思います。人権関係のパンフレットをはじめ、新聞や雑誌などでも、この文言を目にしてきたはずです。でも、その言わんとすることを生活感情としてつかむまで、書かれた文字の前を、ただ素通りするだけだったのかもしれません。そのとき初めて、個人の尊厳という考え方と、立憲主義、そして憲法の価値を、ひとつのものとしてつかんだのだと思います。

個人の尊厳は、憲法の究極の価値です。その価値を守り、育んでいくために、王様を縛る。となると、立憲主義はやはり、「愛」から発していると言えそうです。

人は間違うもの。罪を犯して殺し合う。これまで見てきた通り、負の面に焦点を当てると、立憲主義は王様を縛るものだと説明できます。けれども反対に、人の存在そのものに光を当てると、立憲主義とは、国において、人が人として尊重されるための希望です。

こんな順番で憲法を読むと

憲法で保障されている国民の権利を、「基本的人権」と言います。日本国憲法では、第三章の第一〇条から第四〇条までのほとんど、憲法全体の約三割に及ぶ分量を使って書かれています。大切なわりには、ずいぶん後にあると思うのですが、それには何か事情がありそうです。

第三章にいたるまでの、日本国憲法の構成を見てみましょう。

私のお気に入りは、童話屋編集部編『日本国憲法』です。文庫本の体裁とシンプルな装丁が手と気持ちになじむからです。

まず、一ページ目は、上諭《じょうゆ》と呼ばれるもので、いわゆる前書き。憲法ではありません。次に、前文において、私たちの国の理想や理念を述べます。本文に入ると、真っ先にあるのは、天皇に関する説明です。そして、戦争の放棄が続きます。国民に関することは、この後にようやく第三章で、国民の権利を主軸に義務とあわせて登場します。

第二次世界大戦で、日本はアジアの侵略を進め好戦国となっていました。ポツダム宣言の受諾後、真正の民主主義国家に変わったことを世界に認めてもらう必要もあり、新しい主役である国民の説明の前に、いまや象徴となった天皇と戦争の放棄が置かれたのかもしれません。

私の好きな読み方は、まず、前文から入ります。飛んで平和を謳《うた》った第九条へと進み、国民の権利と義務の章である第一〇条から第四〇条をひと息に読みます。統治機構に関する章、つまり第四章から第九章までは丸ごと省き、最後に、最高法規が書かれた第十章を読みます。この順で読んでいくと、日本という国が戦後目指してきた方向と、基本的人権というものが、輪郭を鮮やかにして浮かび上がります。

基本的人権の実際の内容は多岐にわたります。第一四条から第四〇条までにあるのは人権の細かな分類で、個別的人権とも言われます。憲法の制定当時、歴史を省みて、壊されやすい人権が扱われています。時代とともに生まれた、プライバシー権や肖像権のような新しい人権は、第一三条の包括的人権である「生命、自由及び幸福追求に対する国民の権利」に含まれると考えられるそうです。

人権「Human Rights」って何？

ここでは、基本的人権を支える土台を取り上げます。先に答えを言いますと、武井弁護士の説明通り、第一三条「すべて国民は、個人として尊重される」こそ、人権の根っこです。ただ、これを本当に理解するためには、まず、憲法が言う人権ということばの定義を明確にする必要がありそうです。というのも「権」の文字の持つイメージと、実際の意味との間に、微妙なずれが起きやすいからです。

江戸時代に確立された士農工商という身分制度は、結果として下層階級の人たちに対する強い差別を生み出しました。と同時に、その反動として、人々の中に解放への目覚めも萌芽します。それが概念を持つことばを伴うようになったのは、幕末から明治初期にかけて、西洋の近代思想が日本に入ったことによります。イギリス、フランス、アメリカでは、すでに人権という考え方が、ことばを伴って確立されていました。英語でいうと、「Human Rights」。「Human＝人」「right＝権利」を合わせて翻訳する際に、「人権」となりました。

英語のrightは、「正しい」という意味を持ちます。本来、「Human Rights」とは、直訳である「人としての権利」ではなく、「人として正しいこと」という意味になります。何が人間として正しいのか、正しくないのか。その判断基準は、社会によって少しずつ違います。

日本の憲法の場合、その正しさの判断基準の根底に、「個人の尊重」を置いています。一人の例外もなく、等しく大切にし、それぞれの多様性を認め合う。これを人としての正しさの判断基準に私たちの国はする。日本における人権の意味です。

日本国憲法の中に聖書に通じるものがあると感じたのは、このあたりにひとつの答えがありそうです。人権という考え方が明文化されるのは近代国家においてですが、じつは、二千年以上も前に書かれた聖書には、一人ひとりが個人として尊重されることの大切さが、価値観として貫かれています。

個人の尊重とは、個人主義を尊重するという意味ではありません。聖書では、その人の命は神からの授かりものであり、その人の背景や現状などにはいっさい関係なく、命の重さはみな等しく尊いと教えます。

私たち一人ひとりがかけがえのない存在

憲法第一三条の後半は、次のように続きます。

「生命、自由及び幸福追求に対する国民の権利については、公共の福祉に反しない限り、立法その他の国政の上で、最大の尊重を必要とする」

私たちが生きること、自由であること、幸せを求めること。他人の人権を侵害するような迷惑をかけない限り、これらを最大に尊重して、国の政治は行われます。このように憲法が太鼓判を押しています。

第一三条の訳を二つ紹介します。その意味をかみしめて心に沁《し》みわたらせてみてください。

「すべての人びとは、個人として尊重されます。法律をつくったり、政策をおこなうときには、社会全体の利益をそこなわないかぎり、生きる権利、自由である権利、幸せを追いもとめる権利が、まっさきに尊重されなければなりません」（池田香代子『やさしいことばで日本国憲法』マガジンハウス）

もう一つ、この本を書くきっかけをくれた友人の弁護士は、憲法の私訳をして送ってくれました。弁護士目線らしく、第一三条では私たちの権利を明確にしています。

「私たちは、一人一人がかけがえのない存在として、大切にされる権利があります。法律を作るなど、政治をするうえでは、私たち一人一人の命や自由、それぞれの幸せを追い求める権利が、他の人を傷つけたり迷惑をかけたりしない限り、なによりも尊重されなければなりません」（橋本智子訳）

これらの条文を読んで、私はある聖書のことばを思い出しました。

「わたしの目には、あなたは高価で尊い。わたしはあなたを愛している」（イザヤ書四三章四節）

ふだん私は、教会の内外で、心を支援するお手伝いをさせていただいています。

今振り返ってみると、とくに失敗を通して、相手の歩幅に合わせる、つまり個人の尊重に配慮することを教えられてきたように思います。

また、自尊心を持てずにいる人が、年々増えている実感があります。置かれた環境や人間関係といった社会での外因が、その人らしさを少しずつ押し潰し、心の不具合が現れてくる。ところが、聖書の学びや祈りなどを積み重ねていくと、その人の心に光が差し込む瞬間があります。本当は自分は尊い存在なんだ。その気付きは安心感を生みます。やがて、私は私のままで神から愛されているのだと受け入れるとき、自尊心の回復が始まっていく。

健全な自尊心は、個人をしっかりと支えます。憲法にもこれと似た働きがあると感じます。憲法は、私たちが大切な一人として、国家の中で安心して生きていけるように、足元から支えているもの。憲法の人間理解には、普遍的な視点があると思います。

個人の尊重は、七十年以上の実績を持つ国家の礎石です。私たちはその上に立って暮らしています。私たちが政府を見上げ、立憲主義を守りなさいと懸命に下から叫ぶのではなく、むしろ政府は私たちの足元にあって、重たい価値のある私たち一人ひとりを懸命に背負っている。国民も政府も、こんな絵を思い描くことができれば、互いを責めるのではなく、ねぎらいのことばを共有できるのかもしれません。

第五章

基本的人権 2

心は自由、守られて生きる

第一九条

思想及び良心の自由は、これを侵してはならない。

第二〇条

1　信教の自由は、何人《なんぴと》に対してもこれを保障する。いかなる宗教団体も、国から特権を受け、又は政治上の権力を行使してはならない。

2　何人も、宗教上の行為、祝典、儀式又は行事に参加することを強制されない。

3　国及びその機関は、宗教教育その他いかなる宗教的活動もしてはならない。

⚖ 信じるも信じないも自由

政治と宗教の話は人前でしないように。いつだれに吹き込まれたのか思い出せないほど巧みに、心に刷り込まれてここまできたような気がします。

憲法カフェを開こうとして、友人知人に声をかけたときに、二つの反応がありました。大切だから応援するという人と、政治活動には距離を置きたいという人と。なるほど、憲法は政治と結びついていると感じるのか。だから私も、これまで遠巻きに眺めているだけだったと気付かされました。

大切だとは知っていても、できれば近付きたくはない。私たちは、そのようなものを、それぞれに持っていると思います。特に政治と宗教の話題を恐れるのは、その人の存在の根幹に触れるため、波風を立てたくない心理が働くのでしょう。政治でも宗教でも、主義主張の違いが火種となって争いを引き起こしてきた歴史を、世界中で見ることができます。

私の場合、『赤毛のアン』や『大草原の小さな家』などの海外児童文学に親しんできたこともあって、教会は親しみのある、むしろ憧れの場所でした。子ども時代を過ごした神戸のまちで、教会の建物はごく普通に見える景色の一部でした。そうは言っても、家族を含めて信仰者の模範は周りにおらず、キリスト教の洗礼を決意する際に、人生で初めて「宗教」を正面から考えざるをえなくなりました。

結論としては、宗教は人が体系化したものであって、信仰とは違うもの。キリスト教ではなく、キリストと聖書のことばを信じるのがキリスト者だと理解して、思い切って受洗することにしました。

このように書いても、単なることばの違いだろうと思われるかもしれません。そして、それはそれでよいのだと思います。

個人の尊重とは、人それぞれの内面の自由を、何よりも大切にしています。憲法が定めている信教の自由は、何を信じても自由、また、信じないも自由だという意味です。

まず、私が私であるために

憲法で言う「自由」には、信仰のように、私が私であるための自由と、個人の尊重を守る社会を自らが当事者となって作っていくための自由があります。

憲法では、前者を精神的自由権と呼びます。思想、良心、信教、集会、結社、表現、学問の自由を明文化して保障しています。主なものをもう少しわかりやすく言いますと、何を思い考えるか（第一九条）、何を信仰するか（第二〇条）、何をどのように表現するか（第二一条）といった権利があります。

後者は、政治参加の権利や社会権と呼びます。選挙を通して国政の主権者となる（第一五条）、貧困に苦しまずに生きる（第二五条）、すべての子どもが教育を受ける（第二六条）といった権利です。また、どこに住み、どのような仕事をするかといった経済的自由権も、後者との関係で大切です。細かい内容については、ぜひ憲法で確かめてください。

個人の尊重と言いながら、考えることを禁止されたり、表現が制限されては、憲法の目指す国民主権の社会を作れません。もしも報道が規制されるならば、社会のことを正しく判断する材料が手に入りません。

このように、精神的自由権は、私が私であるために、最優先で守られるべき自由だと言えます。あるいは、精神的自由権は、政府という権力によって侵害されてきた反省があるので、憲法によって手厚く保護されているとも言えます。

明治憲法は、天皇を精神の柱とする思想が中心にあったため、戦争といった非常事態などには、精神の自由に制限をかけることができました。

例えば、第二次世界大戦時下、政府は教会に対して、神ではなく天皇を現人神《あらひとがみ》として礼拝せよと押し付けました。そして、多くの教会が圧力に屈し、御真影《ごしんえい》を拝むような過ちを犯してしまいました。また、政府は、アジアの教会にも同じことを強制して、アジアのキリスト者たちを苦しめました。

戦争が人の精神を踏み壊すとき、どんな人でもモンスターになる可能性を歴史は伝えます。精神的自由権がどれだけ守られているかという現状は、民主主義を測る物差しでもあるようです。

マイノリティの立場になってみれば

私は牧師の妻として、教会とひと続きの牧師館で暮らしています。第二〇条「信教の自由は、何人に対してもこれを保障する」の条文に、どれだけ助けられているか、文字通り肌で感じる暮らしです。

日本のコミュニティの多くは、古くから神社の祭りを尊重して成り立っています。私が住む墨田区は東京の下町で、掲示板には祭礼の告知が貼り出され、町会の回覧板にお札《ふだ》の申し込み書が添付されてくることもあります。祭りの時期になると、法被《はっぴ》姿がまちには溢れ、祭り囃子《ばやし》が流れて賑わいます。

隣りの教会は、ふた駅も先です。戦前には、ほかにも教会があったようですが、いずれも閉鎖に追い込まれました。教会に通うなら仕事の付き合いを止めると言われた人たちの話も聞きました。戦争中、焼き討ちにあった教会もあります。聞こえてくる話は、どれも楽しいものではありません。私は日本という国の中で、いつの間にかマイノリティになったことを実感しました。

もしかすると、自らがマイノリティの立場を体験したときに、初めて「法」と切実に出会うのかもしれません。憲法を読むことはありませんでしたが、「信教の自由」ということばは知っていました。

キリスト教は迫害の歴史を持つけれど、今はだれからも迫害されることはないんだ。キリストを信じることは、少しも恥ずかしくないんだ。教会の敷地内に繰り返し放り込まれるゴミを見て、こう言い聞かせては、勇気を出そうとしました。とはいえ、結婚当初、教会暮らしで遭遇する見えない壁は厚く、何度もくじけそうになりました。ただ、自分で自分の心を縛ってはいけないことだけはわかっていました。心の中さえ自由であれば、たいていのことは、乗り越えられます。

宗教弾圧の歴史に学ぶ

墨田区とはいっても、東京スカイツリーからは離れているため、通りにはシャッターが目立ち、荒川と隅田川に挟まれた中洲《なかす》という地形もあってか、路上生活の人たちが集まってきます。教会の庭仕事をしていれば、昼間からお酒を嗜《たしな》んでいるおじさんや、お金やごはんを求めるおじさんに声をかけられることもあります。近くの通りは、赤線地区だった過去を持ち、一部の建物には当時の格子窓の名残を見ることができます。人権を考えざるをえない環境に置かれたことで、下町の教会がどのような働きをしていたのか知りたくなり、特に東京下町のキリスト教史を少しずつライフワークとして調べてきました。

教会から北上し、隅田川を渡って進んでいくと、南千住に出ます。江戸時代、ここは江戸の北の入り口で、日光街道沿いに小塚原刑場がありました。キリスト教徒がキリシタンと呼ばれていた時代、二百年間近くも禁教とされてきました。江戸時代の迫害はひどく、この刑場でも多くのキリシタンが首をはねられたそうです。新たに江戸へ入る者への見せしめとして、通りには生首が並べられていたという話も残っています。

キリシタン禁制は、豊臣秀吉によるバテレン（宣教師）追放令を端緒に始まりました。当初、宣教師が聖書を説くことを禁じても、民衆が信じることまでは制限しませんでした。ところが次第に、信じるという心の中にまで、介入してきます。やがて、死刑を殉教ととらえるキリシタンの信仰の強さを知り、拷問して棄教させる方針に変更します。

日本での陰湿な弾圧の歴史は、学校では詳しくは教えられません。キリシタンの末裔《まつえい》まで徹底して殺し、家系図まで書き替えさせた事実があります。このような人権侵害は、明治時代になってもありました。

数年前、長崎の五島列島の島々を旅しました。キリシタン弾圧を逃れて渡って来た人たちが隠れ住んだ島として有名です。教会のある場所は、岬の突端や、山道を登りつめた場所など不便なところがほとんどです。人目を避けて建てた当時の苦労が偲ばれました。

明治六年、キリシタン禁令の高札《こうさつ》はようやく外されますが、明治政府としてキリスト教の活動を公式に認めるのは、明治三十二年までかかりました。

結局、こうした負の歴史は生かされず、二つの世界大戦でも、弾圧が繰り返されました。一九二五年に制定された治安維持法は悪法で、信教、思想、信条など、政府が気に入らない考えを持つ相手を次々と取り締まり、無期監禁や、拷問で命を落とす人たちが続出しました。

日本人が、政治や宗教の話題を避けたくなるのは、こういった歴史も関係していると思います。何かをまっすぐ信じることへの恐怖が、今も負の遺産として、日本人の心に植え付けられているのではないでしょうか。

⚖ 天から与えられたという感受性

憲法の勉強会でも、キリスト教的なものを好まない意見を聞くことがあります。例えば、前文の文言にある「恒久の平和を念願し」や「平和を愛する諸国民の公正と信義に信頼して」の表現に、「キリスト教っぽさがある」とこぼす方がおられました。平和を愛して願うのは単純にいいように思うのですが、おそらく問題は理屈ではなく、情緒的なことなのだと思います。黙って言い分を聞いていると、そのときは、聖書の知識をお持ちの方が、穏やかに応答されました。自由に意見を交換できる今の憲法に、心の中でこっそり感謝する場面です。

個人の尊重には、天賦人権説の影響があるとは、よく言われることです。天賦人権説とは、「すべての人間は、生まれながらにして自由・平等で、幸福を求める権利がある」という考え方で、アメリカ独立宣言やフランス人権宣言に盛り込まれています。だれもが尊い人権と生きる自由を与えられているという考えに、キリスト教の価値観を読むことができます。

明治憲法のもとでは、人権という発想はなく、天皇から授けられた臣民《しんみん》の権利という発想でした。ですから、明らかに天賦人権説とは違った発想を持つ憲法でした。

けれども、何か大きな存在から「与えられた」というとらえ方は、キリスト教に限らないごく自然な感受性だと思います。例えば、「お天道様が見ている」という言い方があります。悪いことをしないでおこうという抑止力として、昔の人が子どもたちの教育に使うフレーズだったかと思います。

また、私の暮らす下町では、鳥居のマークを赤いペンキで書いたものを、通りの死角になる寂しい場所などでよく見かけます。人でも犬でもここでトイレをしたりゴミを捨てたらバチが当たるよ、という意味なのだと思います。

ところが、それも事情が少し変わっているようです。友人が小学生の子どもに、

「バチが当たるよ」と見咎めたところ、「お母さん、古いなぁ。バチなんてだれが当てるのさ」と言い返されたと嘆いていました。

私も、小学校で、どうしても字を書くのを嫌がる子どもに、「字を書くことは、人間だけに与えられた特別なことなんだよ」と言い聞かせると、「だれが与えたの？　だって人間はサルだったのに」と真顔で言われたことがあります。

教会にふだん来ている子どもたちとは、神さまの話を自由にできます。先日、互いに愛し合うことについて、小学生たちと話し合いをしました。

ある子は、愛し合うとは、相手が嫌な気持ちにならないようにお互いにことばに気をつけることだと言います。ある子は、相手が喜ぶことをお互いにしてあげることだと言います。実際にできる？　と尋ねたところ、うーん、とみんなうなっていました。

そこで、実践するためのアイデアを一緒に考えてみました。みんなで話し合った結果、神さまが自分を愛してくれていることを思い出せばできそうだ、という意見にまとまりました。みんな一人ひとりをイエスさまはとっても愛しているんだよ、とあらためて私が伝えると、その場にいた子どもたちは晴れやかな笑顔を見せました。

今、このような話を、この国で自由にできるのは、日本国憲法成立以前の状況を考えれば夢のようです。江戸時代以来、迫害に命を落とした数え切れないほどの先達の犠牲があってのことだと思います。

それでも、いつ人の心がまた、思想や信教の自由に牙を剝《む》くかもしれません。だからこそ、ただ何かを大切に思ったり、信じているというそれだけで、人が人の命を奪った歴史を、この日本国憲法は、「何を考えても、何を信じても自由です」と宣言して、日本人の心に刻んでいるのだと思います。

第六章　永久に戦争を放棄する

第九条

1　日本国民は、正義と秩序を基調とする国際平和を誠実に希求《ききゅう》し、国権の発動たる戦争と、武力による威嚇《いかく》又は武力の行使は、国際紛争を解決する手段としては、永久にこれを放棄する。

2　前項の目的を達するため、陸海空軍その他の戦力は、これを保持しない。国の交戦権は、これを認めない。

憲法第九条の気合い

アメリカ文学翻訳家の柴田元幸さんが、日本国憲法の英文版を今のことばに訳した『現代語訳でよむ　日本の憲法』（アルク）によると、大半の条文で「助動詞

shall」が使われているそうです。

「shallは、『私がこの人にこうさせるんだ』『これは、このように私が取りはからうんだ』というように、語り手の意思を表わします。ですから、主語はほとんど出てきていないけれども、隠れた語り手として常に『われわれ』がいるのかなと思いながら訳しました」

法律用語の監修をした憲法学者の木村草太さんはこの話を受けて、shallの主体はすべて「国民」であることを教えています。

初めて心を据えて憲法を読んだときにほろりときたのは、日本語には隠されているshallの精神性が、私に訴えてきたのかもしれません。そこには、新しい理念を反映すべく奔走した人たちの思いが、一文一文となって深く刻まれているのでしょう。

柴田さんは翻訳作業を通して、「前文」と、第九条、第九七条は、「英文の質が明らかに違うというか、気合いの入り方が違うと感じました」とも話しています。

これら三つの条文では、平和や基本的人権に言及して、「永久」「永遠」「恒久」ということばが使われています。人間という破れのある者が、永遠という限りのない時間にまで心を向けて誓う。その神聖な響きは、まるで教会での結婚式の誓いのようです。

私がとりわけ気合いを感じるのは、平和憲法として広く知られている第九条にある「永久にこれを放棄する」という箇所です。放棄することを宣言したのは、「戦争と武力の行使」です。それも、「永久に」。結婚式で永遠にと誓いながらも、果たせないことのある人間が、どうしてこれほど思い切った表現を選べたのかは気になるところです。

第九条全文を、柴田さんの訳で紹介します。

「1　正義と秩序にもとづく国際平和を心から希《ねが》って、日本の人びとは永久に戦争を放棄する。国として戦争を行なう権利を放棄し、国同士の争いに決着をつける手段として武力で威嚇すること、また武力を行使することを放棄するのである。
２　前段階で述べた目的を達するため、陸軍、海軍、空軍、その他いっさいの戦争能力を、日本は絶対に維持しない。国の交戦権も認めない」

「もし誰かが自発的に武器を捨てるとしたら」

　戦争の放棄を定めている憲法は、世界にもありますが、それを実現するために、「いっさいの軍備廃止」を第二次世界大戦後の一九四六年十一月の時点で、憲法として宣言したのは日本だけでした。憲法草案に関わったＧＨＱのマッカーサーもこれには驚愕した、と自身の回顧録に記しています。

　この回顧録によると、第九条の「戦争放棄」条項を発案したのは、マッカーサーではなく、当時の内閣総理大臣・幣原《しではら》喜《き》重郎《じゅうろう》だと言われています。一九四六年一月、幣原は表向きには、風邪の治療にもらったペニシリンのお礼にと、マッカーサーのもとを訪れました。そのとき、密かに二人で会談し、日本の戦後は、戦争放棄でいきたいと自分の意向を伝えました。そのことを証言する約六十年前の憲法調査会の公聴会における音声テープが、今年になって国立公文書館で発見され、報道やSNSで話題となりました。

戦前、外務大臣を四度務めた幣原は、いわば外交のプロ。一貫して平和主義を貫いたと言われています。軍国主義とは一線を画したため、アジアへの侵略志向が日本で進む中、非難中傷の的となり、外務大臣を降ろされます。ところが、敗戦を迎え、日本が民主主義へ向きを変えるや、昭和天皇の重ねての命によって、再び内閣総理大臣として日本国憲法の草案作りに関わりました。

幣原の秘書官を務めた平野三郎が、幣原が亡くなる十日ほど前に第九条成立などの聞き取りをしたものは、通称「平野文書」と呼ばれ、現在、国立国会図書館憲政資料室に保管されています。

幣原は、長年、世界を相手に外交官として平和に取り組んできました。ですから、軍縮がどれほど困難かを身をもって知っていました。それは、「不可能」どころか「絶望」だと言い切っています。唯一の可能性は、世界が一斉に軍備を廃止することだけ。でも、それはありえない。このようなことを考えていたときに、第九条のアイデアが浮かんできました。

「もし誰かが自発的に武器を捨てるとしたら――

最初それは脳裏をかすめたひらめきのようなものだつた。次の瞬間、直ぐ僕は思い直した。自分は何を考えようとしているのだ。相手はピストルを持つている。その前に裸のからだをさらそうと言う。何と言う馬鹿げたことだ。恐ろしいことだ。自分はどうかしたのではないか。若しこんなことを人前で言つたら、幣原は気が狂つたと言われるだろう。正に狂気の沙汰である。

しかしそのひらめきは僕の頭の中でとまらなかつた。どう考えてみても、これは誰かがやらなければならないことである。恐らくあのとき僕を決心させたものは僕の一生のさまざまな体験ではなかつたかと思う。何のために戦争に反対し、何のために命を賭けて平和を守ろうとしてきたのか。今だ。今こそ平和だ。今こそ平和のために起つ秋ではないか。そのために生きてきたのではなかったか。そして僕は平和の鍵を握っていたのだ。何か僕は天命をさずかったような気がしていた。

非武装宣言ということは、従来の観念からすれば全く狂気の沙汰である。だが今では正気の沙汰とは何かということである。武装宣言が正気の沙汰か。それこそ狂気の沙汰だという結論は、考えに考え抜いた結果もう出ている。

要するに世界は今一人の狂人を必要としているということである。何人かが自ら買って出て狂人とならない限り、世界は軍拡競争の蟻地獄から抜け出すことができないのである。これは素晴らしい狂人である。世界史の扉を開く狂人である。その歴史的使命を日本が果すのだ〈原文ママ〉」（『幣原先生から聴取した戦争放棄条項等の生まれた事情について』平野三郎氏記・昭和三九年二月　国立国会図書館憲政資料室所蔵「憲法資料調査会資料一六五」より）

⚖すべては「子どもたちのために！」

私はこの文書を読んで、まるでエーリヒ・ケストナーの児童文学『動物会議』のようだと思いました。

第二次世界大戦後、人間たちは、世界平和のために国際会議ばかり繰り返して、少しも成果があがりません。怒った動物たちは、北アフリカの動物ビルに集まって、最初で最後の動物会議を開きます。

人間が八十七回目の会議でごたごたしている中、動物たちはある非常手段をとります。そして、戦争をやめ、武器を捨て、科学と技術は平和に仕え、世界は国境をなくしてひとつとなって仲良くすることを人間たちに提案。国家の代表者たちは、ついにその条約に署名することになります。動物たちは、たった一度の会議で、鮮やかにけりをつけました。スローガンは、「子どもたちのために！」（『動

物会議』岩波書店）

『エーミールと探偵たち』でドイツの国民的作家となったケストナーは、第二次世界大戦下では、秘密国家警察の取り調べを受けたり、出版禁止命令を出されたり、と長く苦しい時期を過ごしました。それでも、ナチスの悪行を自分の目で見届ける使命を持ち、戦火のドイツに踏み止まることを選びました。そのケストナーが、終戦から四年経った一九四九年に、児童文学の体裁をとりながらも、とりわけ政治家に読んでもらいたいと思って書いたのが、この『動物会議』です。

⚖平和とは一人ひとりの問題

幣原が戦争の放棄を考えたのには、二つのねらいがあったようです。軍備をしないことで、軍部に戦争の足がかりを与えない。さらに、日本が戦争をしないことを世界中に納得してもらう外交的な策として。つまり、第九条に書かれた戦争の放棄と軍備の廃止による平和への希求とは、政策上の平和の意味合いが強いのですが、今、世界を見回すと、むしろ平和を個人の権利として考える大きな潮流があるようです。

国連（国際連合）では、「平和への権利」を世界の人権宣言にできないかと、二〇〇八年以降、話し合いが重ねられ、現在、起草準備が進められています。

一九四五年、サンフランシスコにおいて国際連合憲章が調印され、「武力による威嚇又は武力の行使」を原則的に禁じました。ところが、現実には、国際社会で戦争はいっこうになくなりません。平和を国の問題としてとらえる限り、武力という発想から逃れられません。しかし、平和とは一人ひとりの問題だと観点を変えてみると、戦争、そして武力を持つこと自体が、個人の平和な生活を脅かす良くないものだとはっきりします。

じつは、このような発想は、日本国憲法前文の平和に関する箇所に、すでに盛り込まれています。

「われらは、全世界の国民が、ひとしく恐怖と欠乏から免かれ、平和のうちに生存する権利を有することを確認する」と憲法は言います。ここでの「平和」とは、戦争や武力行使がないことに加え、「恐怖と欠乏」がないことも含まれます。それは、独裁、圧政、奴隷制、差別、貧困などとも言い換えられるでしょう。戦争を始めとして、これら人格を壊す負の要因に個人の平和が脅かされない権利、これを「全世界の国民」の「権利」として、日本国憲法はすでに七十年以上も前から宣言していています。

メーテルリンクの『青い鳥』のように、すでにそこにあった幸せは、案外見落としやすいのだと思います。戦争という滅びの旅に出ずとも、今、私たちの手にあるものを、もう一度、まっさらな心で見直したいと思います。

マッカーサーの回顧録には、幣原は第九条の提案を秘密裡にしたその日、帰りがけに涙を見せながら、自分たちは「夢想家」として笑われるかもしれないが、百年後には「予言者」と呼ばれると言ったことが伝えられています。

日本国憲法はまだ、「永久」と呼ぶには短く、日本人の平均寿命ほども生きていません。第九条をファンタジーに終わらせたくありません。前文は誇り高く謳います。

「われらは、平和を維持し、専制と隷従、圧迫と偏狭を地上から永遠に除去しようと努めてゐる国際社会において、名誉ある地位を占めたいと思ふ」

第七章　平和をつくる

前文より

日本国民は、恒久の平和を念願し、人間相互の関係を支配する崇高な理想を深く自覚するのであつて、平和を愛する諸国民の公正と信義に信頼して、われらの安全と生存を保持しようと決意した。われらは、平和を維持し、専制と隷従、圧迫と偏狭を地上から永遠に除去しようと努めてゐる国際社会において、名誉ある地位を占めたいと思ふ。われらは、全世界の国民が、ひとしく恐怖と欠乏から免かれ、平和のうちに生存する権利を有することを確認する。

⚖ 他国が攻めてくるという前提

憲法の条文には熟語が多いので、それだけで読むのを諦めてしまう人がいるかもしれません。そういうとき、私は漢字を訓読みにして、意味を開いて考えます。そうして読んでも、どのように読んでも、第九条では、永久に武力は持たない、戦争もしないと読めると思うのですが、憲法解釈の世界では、どうやら違うようです。

これまで憲法そのものは一度も改憲されていませんが、解釈の変更は行われてきました。第九条には、「自衛権」を認めるというひとつの解釈があります。「侵略戦争」はできない。でも、「自衛」のための武力行使までは捨てていない。「自衛権」を認めるこの解釈を力技で適用して、政府は憲法の平和主義を、実質的にはあちこち改造してきました。

そもそものきっかけは、一九五〇年六月の朝鮮戦争勃発でした。ソ連と睨《にら》み合っていたアメリカは、日本にも戦争を手伝わせたいと思いましたが、第九条がそれを阻みます。そこで、日本にいたアメリカ占領軍が「国連軍」として朝鮮半島に出動し、国内の治安維持が手薄になったとの名目で、「警察予備隊」の創設と海上保安庁職員の増員をマッカーサーは指示。総理大臣の吉田茂がこれを受諾します。憲法公布からわずか三年のことでした。

その後、「警備隊」「保安隊」と、名前を変えながら警察のふりをしてきましたが、一九五一年の日米安全保障条約締結の三年後、陸・海・空三軍体制の「自衛隊」になりました。それ以来、自衛隊をめぐっては論争が尽きません。

「自衛権」とは、どこかの国が攻めてきたら自衛のための武力行使ができる権利です。「どこかの国が攻めてきたら」という前提に立つならば、なるほどと思うのですが、憲法の前文で、そもそも「どこかの国が攻めてきたら」という発想自体を捨てました、と宣言しています。次の一文を注意深く読んでみてください。

「日本国民は、恒久の平和を念願し、人間相互の関係を支配する崇高な理想を深く自覚するのであつて、平和を愛する諸国民の公正と信義に信頼して、われらの安全と生存を保持しようと決意した」

優れた翻訳も多い作家の池澤夏樹さんが、英文版からの訳を出しています。わかりやすい日本語ですので、同じ箇所を紹介します。

「私たち日本人はどんな時でも心から平和を求め、人と人の仲を結ぶ高い理想を決して忘れないと決意した上で、日本という国の永続と安全については、私たち同様に平和を大事に思う世界の人々の正義感と信念に委ねることにした」（『憲法なんて知らないよ』集英社）

自分たちの安全について、相手の人たちを信頼し、「正義感と信念に委ねる」とは、なんと潔《いさぎよ》い姿勢でしょう。前文ではその直後に、だからこそ、平和を実現するための努力を、自分たちも積極的に行うことを約束しています。

自衛と不信

「自衛」については、私は何年も真剣に考え続けたことがあります。個人と国の自衛では、比べようがないと言われるかもしれませんが、国は個人の集まりで、

個人の平和の確保が憲法にも権利としてあることを思えば、ひとつくらいは役に立つかもしれません

もうずっと昔の話です。出版社に勤めてひとり暮らしをしていたころ、知らない人が窓から侵入してきて、刃物で殺されそうになりました。近所の通報で駆けつけた警察によって、犯人はすぐに捕まり、私はある意味奇跡的に、傷ひとつ負わずに済みました。ただ、その後、ＰＴＳＤ（心的外傷後ストレス障害）を発症して退職、ひとり暮らしも断念。犯罪被害者の権利など何ひとつ整っていない時代でしたので、ひと通りの辛い経験をしました。

そのときに私が考えていたのは、「今度、もし襲われたら、どうしよう」「どのように自分を守ればいいのだろう」ということばかりでした。家の中も不安、外にいればなおさら不安。窓を見るや、鍵を締めて歩き、それでもなお安心できません。電車にも乗れず、夕方以降の外出も、夜寝るときも不安でたまりません。

同時に、もっと恐ろしかったのは、もし身を守るために武器を手にしたら、自分が何をしでかすかわからないという不安でした。ＰＴＳＤの症状のひとつらしく、当時から事件のところどころの記憶がありません。ただ、犯人から刃物を奪い取った場面と、部屋の外でそれを振り回して助けを求め、必死に叫び続けた場面、手に握った刃物の感触だけは鮮明に覚えています。近所の方たちは、私の異様な姿を見て、複数の人が警察に通報してくださったようですが、私を犯人と見誤って、道路でおかしな女が刃物を持って叫んでいると通報した方もいました。

事件後、私は一年近く、包丁を持って料理をすることがうまくできませんでした。おかしな心理に思えるかもしれませんが、刃物を持つと、自分がだれかを刺すのではないかという恐怖に囚われたのです。人は被害者にも加害者にもなりうる。ましてそれが、戦争のような極限状態であったとしたら。

心の回復を求めていく中で、私は聖書に出会い、神とそのことばに守られる感覚を少しずつ抱くようになりました。教会は人の集まる場でした。人への不信を暮らせていた私は、だれをも遠ざけたいと思っていました。ところが、聖書にある神を信頼してみたいと思うにつれ、人に対しても気持ちの変化が起こりました。

自衛、自分を守るという発想をしている限り、人は絶えず何かを恐れ、どこまでも不信を生み続け、妄想は拡大し、見えない敵に対する防備を強めていくように思います。また、自衛なのだと説得されると、人は案外簡単に、そのような意見になびく傾向があると思います。

そうではなく、心を開いて、相手に愛を持って自分から近づいていく。これは自衛とはまったく反対の考え方です。そのとき、そこには新しい調和が生まれていく。これを国に置き換えて考えてみることはできないでしょうか。

⚖ 自分から近づいてみると

牧師の妻となって下町の教会に来てみると、前述したように、ゴミを投げ込まれたり、酩酊した人がどなり込んでドアを壊したり、再び自衛について考えることとなりました。

私たちの教会は、牧師のいない状態を経験しました。子どものころから通っていた夫が、荒れ果てた教会を悲しみ、デザイナーの職をいったん辞め、神学校で学び始めたという経緯があります。

結婚して私が来たときには、どこから手をつけてよいのかわからないほどでした。教会は、扉を閉めてしまえば、ひとつの国に似ています。伸び放題の木々に囲まれ老朽化した教会は、周りから見ればなぞの場所で、少し怖かったのではないかと思います。

私は心の中で「開国」宣言をして、教会の人たちと一緒に、まちの資源となれる場を目指すことにしました。予算のない中でしたから、本当に少しずつ。まずはバザーを開いて得た売り上げで、十一本あった庭木を剪定《せんてい》し、花を植えました。やがて、壁と屋根を塗り替え、玄関のアプローチをレンガ敷きにして、明るい雰囲気を作りました。

それとともに、夫と二人で、地元のまちづくりに関われる場に顔を出すようにしました。教会という国の人というよりも、ただの「石川さん」（結婚姓）として。小さな積み重ねですので時間はかかりましたが、ゴミも違法駐車もなくなり、花壇の手入れをしていると「いつもきれいにしてくれてありがとう」などと、年配の方から言われることが増えました。

⚖「みどりのゆび」を持つ少年

『みどりのゆび』という本があります。フランスで政治家として、文化大臣を務めたこともあるモーリス・ドリュオンという作家が書いた児童文学です。この人もケストナーと同じく、第二次世界大戦下、フランスがナチスに占領されたときの苦しみを体験しています。

主人公チトは「みどりのゆび」を持つ少年です。チトがどこかに触れると、そこに落ちていた種は芽吹き、花開きます。その不思議な力を使って、チトが病院や刑務所や、貧しい地域に花を咲かせていくと、植物の美しさと自然の恵みに触れて、そこにいる人々の心が目を覚まし、コミュニティまでもが明るく変化していきます。

ところが、優しいと思っていた父親が、武器工場の経営者だと知ってチトは悩みます。家の潤沢な財産は、戦争を商売にしたものでした。子どものチトは、戦争とは何だろうか、と口やかましいかみなりおじさんに質問をします。戦争の本質を直感的に見抜いたチトがそれを口にするや、いきなりぶ厚い手のひらでたたかれました。

《わかった、戦争ってこういうんだ！　説明をきいてみて、意見をいうだろ、すると、パン！　だ。ほっぺたをたたかれる。もしぼくがこいつのズボンにヒイラギをはえさせてやったら、どんな顔するだろう！》（『みどりのゆび』岩波書店）

バジーとバタンの二カ国が戦争をすることになったとき、チトは工場から送り出されるあらゆる兵器箱や大砲にみどりのゆびで触れます。いざ当地で戦争が始まってみると、兵器箱には植物がからみついて何ひとつ使い物になりません。両者、頼みの大砲から出てきたのは、あふれんばかりの愛らしい花々でした。花合戦に戦意を削がれ、軍隊は退却し、平和条約が結ばれます。

平和をつくる人

「平和をつくる者は幸いです」（マタイの福音書五章九節）

イエス・キリストはこのように、弟子たちに教えました。「平和をつくる者」は、英語では「peacemaker」と言います。

平和の種は見えないけれど、じつはいたるところに落ちている。でも、チトのように自分の指で触れなければ、芽吹いてこないのだと思います。

この原稿を書いている間、二〇一五年の十月以来、毎週金曜日の午前中に国会前で行われている、ピース・アクションというプロジェクトに参加しました。国会正門に対面する歩道に立って、国会見学を終えた子どもたちに平和のコールを投げかける活動です。二時間の間に平均して二千人が目の前を通過していきます。

主催者のひとり、鷹巣直美さんは、「憲法9条にノーベル平和賞を」というびっくりするアイデアを発案した人です。じつは、神学校時代、ほんの少しの間、一緒に授業を受けたことがありました。あの直美さんがどうして？　十年ぶりの再会でした。平和の方を向いていると、同じ思いを持つ人たちとつながっていきます。

このアイデアは、二〇一四年、二〇一五年と、二年連続して現実に平和賞の候補になっています。直美さんのこのアクションには、タスマニアへの留学時代、大勢の難民たちと出会い、あるいは共に暮らし、戦争が人の人生を破壊していくのを肌で感じたことが根っこにあるようでした。帰国後、平和をテーマにした勉強会で、牧師から継続的に学んできたことも影響が大きかったと話してくれました。その牧師は戦争を知る世代として、ご自身の体験と聖書から、平和に対する考え方をあますところなく教えてくださったそうです。

ノーベル平和賞を獲れたならばもちろん素敵ですが、むしろこのプロジェクト賛同の署名活動を通して、憲法第九条や平和についてより多くの人たちに考えてもらう種蒔きだと感じました。

「戦争させない」「大人も守る」など、いくつかある平和へのコールのひとつに、「仲良くしよう」というのがあります。これは子どもたちへのメッセージとして、彼女がどうしても加えたいと思ったコールだそうです。

『みどりのゆび』のチトは、平和をつくるために、兵器箱や大砲を花でだめにしたのは自分であることを父親に告白します。チトの勇気は、大人たちを黙らせます。今度はチトのほっぺたも無事でした。父親は、最上の大砲を作りながら、チトを幸せな子どもに育ててきたことは、矛盾していて両立しないのだと悟ります。賢明にも、兵器工場を花作り工場に変える決意をしました。工場は大成功し、チトの住むまちは、《花の町》として有名になります。花作り工場のいちばんの宣伝文句はこうです。

《せんそうはんたいを花で》

「みどりのゆび」はすべての人に与えられているのだと思います。今いるその場所で、私にしかできない平和の種を蒔く。この小さなことが、やがては世界の平和につながっていく。自衛ではなく、どうしたら自分から平和がつくれるかを考える。これは憲法前文と、第九条の決意が、戦後からずっと私たちに教えているることではないかと思います。

第八章

まず、本物から始めよう

第九七条

この憲法が日本国民に保障する基本的人権は、人類の多年にわたる自由獲得の努力の成果であつて、これらの権利は、過去幾多《いくた》の試錬に堪《た》へ、現在及び将来の国民に対し、侵すことのできない永久の権利として信託《しんたく》されたものである。

憲法の中の「愛」

憲法への扉を開いてくれた弁護士の友人と、一年ぶりに会うことになりました。仕事で霞が関に来るというので、東京駅近くのビルで大阪の味覚、今回はお好み焼きです。

私の「みどりのゆび」による種蒔きは何だろう。書いて伝えることならばと思ったものの、憲法は噛みごたえがあって、自分のことばになるまでには行ったり来たり。迷いながらの執筆に、疑問、質問を山ほど抱えての再会でした。

頼んだのは、こぼれるほどの九条ねぎと甘辛味の牛すじをのせたお好み焼き。とろり、たまごの黄身をすくいながら、「ふたり憲法カフェ」の贅沢な時間となりました。

彼女はこの一年間、おもに大阪方面で、憲法カフェの講師として大勢の人と対話をしてきました。私はと言えば、報道に聞き耳を立て、日本国憲法を音読したり、「憲法」の集まりに出かけたり、学んだり、話し合ったり。大きな変化です。

ひと通り教えてもらったところで、私は尋ねました。

「憲法のどこに愛があると思う?」

すると、逆に思いがけない質問が返ってきました。

「憲法のどこに『愛』の字が出てくると思う?」

ええと。即答できない私。まだまだだなぁと、少しがっかりしながら思い出しました。前文です。「平和を愛する諸国民の公正と信義に信頼して」という箇所です。そして、私の質問には、「やっぱり第一三条、個人の尊重でしょう」と答えてくれました。

彼女の回答を聞いて、花マルをもらった生徒のような気持ちになりました。うん、ずれてはいなかった。

⚖「不断」の努力、「普段」の努力

日本国憲法は、悪くない。いえ、ずいぶんいい憲法だ。これが私の結論ですが、みんなでいいね、と自画自賛していても、私たちの手の届かないところで、一方的に解釈を変えられてしまっているようでは仕方ないとも、つくづくわかりました。

第九七条には、基本的人権は、「人類の多年にわたる自由獲得の努力の成果」

であり、「過去幾多の試錬に堪へ」「現在及び将来の国民に対し」「永久の権利」として信じて任せられたものとあり、第一二条には、憲法は私たちに自由と権利を保障するけれど、「国民の不断の努力によつて、これを保持しなければならない」と書いてあります。つまり、この権利を支えていくには、普段の努力が必要だということ。こんなに大切なことなのに、学校でも家庭でも不断の努力について教えられた覚えがありません。

では、どうやって。答えは前文にありました。

「日本国民は、正当に選挙された国会における代表者を通じて行動し」とあります。

ひとつには、選挙です。私たちの声を本当に代表してくれる人を選ぶこと。

でも、と言いたくなるのはよくわかります。今の選挙の仕組みでは、「私の声」など反映しにくいし、選びたくなるような人がいない。それに、だれを選べばいいのかわからない、と。これまで私も選挙のたびに、ぶつくさ言って、重い気持ちで投票をしてきたような気がします。

選挙と私たちの関係は、長年連れ添った夫婦が十分に対話してこなかったために、お互いを諦めてしまった状態に似ていませんか。それでも生きてはいける。ただ、体面は保てたとしても、お互いに心から幸せとは言えないはず。いつか決定的に崩壊してしまうかもしれません。

そこで、憲法です。憲法の旅を続けるうちに、これは政治と私たちをつなぐ橋にも思えてきました。憲法を理解していれば政治の真の役割がわかり、そして、私たちの代表になろうとしている人が、何を目指し、何を考えているのか、あるいはどこが変なのか、そんなことが少しずつ見えるようになるからです。ベストな人は見当たらなくとも、ベターならば見つかるはずです。それに、私たちが代表たちを励まして、ベストに育てていけばいいのだと思います。

⚖「改正草案」の危険性

今、「改憲」をめぐる論議が盛んに行われています。

憲法の改正は、第九六条にその条件が具体的に書いてあります。衆議院と参議院、すべての議員の三分の二以上の賛成と、国民投票が必要となります。

これまで、自衛隊の扱いをめぐって第九条については、長い間、ときどきちょっと感情的になりながら、異なる意見が交わされてきました。ところが、二〇一二年に自民党憲法改正草案が発表されるや、第九条を飛び越えて、論議の内容が変化しています。

あすわか（明日の自由を守る若手弁護士の会）のパンフレットには、こう説明されています。

「国家が国民に対して『この範囲の自由なら認める』と上から目線でさずける

法律へと、根本的なスタイルが変わってしまいます」

憲法は国民から国家権力への命令だったはず。これは、私が最初に知ったいちばん大切なことです。ところが、改正草案では、あの人類の叡智「立憲主義」をごっそりと抜いてしまいたいようなのです。

以前、ピストというブレーキのない競技用の自転車がまち乗りとしても人気を集め、その危険走行が問題となりました。政府という王様は同じようにブレーキを外して、思うがまま走りたいのかもしれません。例えば、平和と安全の名のもとに、首相の権力を強化して「緊急事態宣言」を可能にするなど、戦争をしやすくする仕掛けがこらされています。

この草案の危険性に気付いた日本人は、みなびっくりしました。あまりにも驚いたため、共通した危機感を持つ文化人、若い世代、憲法学者など、世代も背景も異なる人たちが、次々と自分のことばで憲法を語り始めるようになりました。

私も驚いたひとりです。そうしてびっくりできたのは、この日本国憲法を、自分に語られたことばとして読むようになったおかげです。これが一年前だったならば、ぼんやりとした不安は感じても、そこで終わってしまっていたと思います。

例えば、日本国憲法にある「平和」ということばと、改正草案にある「平和」ということばは、字面は同じでも、見ている方向がまったく違うことがわかります。他国と仲良くして平和をつくっていくのか、あるいは、戦争をしやすくすることに精を出していくのかというほどに。

「緊急事態宣言」が、大規模災害のときに役立つと言われれば、そんな気もしてきますが、じつは、すでにある法律で十分間に合っているそうです。また、足りないところは、東日本大震災という大変な経験を通して、弁護士などの専門家たちが、必要な法律を通すために走り続けてきました。「憲法」と「法律」は、違うもの。「法」の字に欺かれないようにしなくてはなりません。

もしかすると、選挙というのは、ことばを聞き分けていく戦いなのかもしれません。そのことばが、単なる戦略的なことばなのか、それとも、本来持っている意味通りのことばなのか。また、代表になろうとしている人たちの口から出ることばは、口先だけなのか、真心から願っていることなのか。語る人の人格を見極めていくためには、こちらの成熟も要求されそうです。そして、流れてくる情報を精査するために、まず改正草案ではなく、現行憲法から読んでみてほしいと思います。

本物を知る

政治を見る目を養い、本物を知る。その手がかりとなればと思って、お茶から学んだことをお話ししてみます。

二十代のころ、お茶というものに惚れ込んで、毎週一度、煎茶道のお稽古に通いました。先生は、大学時代はジャズに打ち込み、会社員から煎茶の世界に転じた、ユニークな経歴の方です。お稽古の後のおしゃべりが楽しく、心の養いのひとときでした。

茶道具にしても、陶磁器にしても、見る目を育てるためには、美術館などに足を運び、時代を超えて受け継がれてきたものを見るようにと教えてくださいました。また、ギャラリーや店で同時代のものを見るときには、どれが好きか、どこがいいか、自分ならばいくらで売るかを考えて、最後に値段を確かめるように、とそういう見方を教えてくださいました。

目先の利益に引きずられない目を持つこと。そして、時代を超えた魅力を見抜くこと。それにはまず、本物をよく知ること。私が先生から受け取ったのは、こんなことだったかと思います。

憲法が国宝級の器だとすれば、法律はふだん使いの器。そんな例えはできないでしょうか。

この原稿を執筆中、疲れた頭をほぐすために、世田谷にある美術館を訪ねました。収蔵品のうち、重要文化財の指定を受けた茶道具の数々を、十五年ぶりに展示する企画です。

ガラスケースの向こうでは、いくつもの時代を生き抜いてきた陶磁器が、深みのある色味を湛《たた》え、姿よく佇《たたず》んでいました。茶器ですから、最初は、使われるために作られました。その器で淹れたお茶は、豊かな時間を人々に与えたことと思います。時を経て、今は、私たちの目と心に豊かな栄養を与えてくれます。

憲法は、陶器師たちが土を練るように、全身でこねて叩いて、思いを込めて作られました。戦争への反省を練り込み、人類の叡智という釉薬《うわぐすり》を選んで。最初はそれでお茶を点《た》て、共有する宝として、みんなで喜びを分かち合っていたのですが、いつの間にか埃をかぶったままガラスケースの奥にしまわれてしまった。戦後七十年もの積み重ねてきた歳月を、まるで埃か塵かのように扱って。

今、降り積もった埃と塵をよく払って、本来の輝きを一人ひとり、曇りのない目でじっくり見たいと思います。もしかすると修復の必要なところがあるかもしれません。そうしたならば、憲法は国民のものですから、みんなで存分に話し合って決めていけばいいわけです。

陶磁器はやきものとも言います。熱い炎で焼かれた器には、景色といってそれぞれの表情が浮かびます。憲法という器に見える景色は、私にはあの青い空。戦後世代ですから、実際には見たことはなくても、悔しさと、絶望とから立ち上がらせてくれた平和への願いが見えてくるように思います。愛とは、平和を選んでいく強い意志。やっぱり憲法には「愛」がありました。

おわりに

昨年、十一年間共に暮らしてきたボーダーコリーのメルが亡くなりました。進行性の難病、発症からわずか二週間、最後まで生きようとして食べ、笑顔を見せ続けました。

犬は今を生きる動物です。一歳半までゲージから出たことのないところを引き取りましたが、そういった過去ではなく、目の前にいる私たちとの関係を喜ぶことに懸命に生きる。いたずらはしても、意地悪はしません。執筆中にメルのことがしきりに思い出されたのは、日本国憲法は、メルが私をまっすぐ見る目のように、澄んだ好意に満ちた目で、国民、そして世界を見ていると感じたからです。

憲法が大切にするもの、その出発点は、戦争というこれ以上ない過ちへの猛省でした。メルは飼い主を噛みませんが、オス犬を見るとときどき頭に血が上るのには、困りました。人間は放っておくと、もっとひどいことになります。憲法では、そのために立憲主義を重視しています。本書の一～三章にわたって取り上げました。憲法に少しずつ分け入っていく気持ちで書いたため、冒頭から順に読んでいただければと思います。ただ、もしこの最初の三章を難しく感じたならば、六、七章の平和をつくることから読んでみてください。

専門家でもないのに憲法について書くなど、できそうにない。当初はそう思っていましたが、今の日本を見るにつけ、黙っていられなくなりました。キリスト者魂というか、おせっかい、良く言えば、ほっとけない精神を総動員して、今年に入ってから一気に書き上げました。前作の「赤毛のアン」のエッセイから、今度は憲法。どうして？　執筆中によく驚かれました。いえ、じつはつながりがあるような。どちらも平和を愛します。そして、「想像の余地」もあります。

憲法への扉を開いてくれた弁護士の橋本智子さんと出会ったのは、私が新米の牧師夫人、彼女は司法試験に合格したところです。女性の支援という同じ方向を目指していた二人をつないでくださったのは、岡村勲弁護士です。全国犯罪被害者の会（あすの会）の立ち上げ、被害者の権利等、法律の整備に尽力されてきました。

昨年、あすの会の十五周年記念誌完成懇親会で、岡村弁護士と十年ぶりに再会することができました。そこには、一緒に署名活動をした懐かしい仲間とともに、弁護士をはじめ法律関係の方たちがたくさんおられました。当事者と法律の専門家が熱意でつながるとき、政府を動かしていく力を持つ。みなさんの話を聞きながら実感しました。

憲法に関しては、国民全員が当事者です。本書で少しでも憲法を知っていただいたならば、憲法カフェ等、専門家の教える場にも足を運び、さらに考えてくだされればと願っています。考えることを止めないことが、今、日本人として必要だと思います。そして、キリスト者である私たちには、祈りがあります。特に国の指導者たちのために祈ること。聖書にはこうあります。

「すべての人のために、また王とすべての高い地位にある人たちのために願い、祈り、とりなし、感謝がささげられるようにしなさい。それは、私たちが敬虔に、また、威厳をもって、平安で静かな一生を過ごすためです」（テモテへの手紙第一二章一、二節）

本書執筆にあたって、感謝を捧げたい人がたくさんいます。橋本智子さんには、監修もお引き受けいただきました。憲法カフェを企画した際に講師をしてくださった伊藤朝日太郎弁護士。当日、運営の協力をしてくださった女性祈り会の仲間。そして、鷹巣直美さん。みなさんに心から感謝します。

表紙の青い空に、一目惚れしました。浜野史子さん、素敵な装画をありがとうございます。前作『アンが愛した聖書のことば』に続き、いのちのことば社の藤原亜紀子さんが、今回も最良の伴走者となって、共に走り抜いてくださいました。

本当にありがとうございます。

時間の余裕がない中での執筆に苦心している私を、穏やかに見守り「平和をつくる人」を体現している牧師であり夫の石川良男には、言い尽くせないほどの感謝を伝えたいと思います。

二〇一六年四月

宮葉子

付録　日本国憲法（全文）

日本国民は、正当に選挙された国会における代表者を通じて行動し、われらとわれらの子孫のために、諸国民との協和による成果と、わが国全土にわたつて自由のもたらす恵沢を確保し、政府の行為によつて再び戦争の惨禍が起ることのないやうにすることを決意し、ここに主権が国民に存することを宣言し、この憲法を確定する。そもそも国政は、国民の厳粛な信託によるものであつて、その権威は国民に由来し、その権力は国民の代表者がこれを行使し、その福利は国民がこれを享受する。これは人類普遍の原理であり、この憲法は、かかる原理に基くものである。われらは、これに反する一切の憲法、法令及び詔勅を排除する。

日本国民は、恒久の平和を念願し、人間相互の関係を支配する崇高な理想を深く自覚するのであつて、平和を愛する諸国民の公正と信義に信頼して、われらの安全と生存を保持しようと決意した。われらは、平和を維持し、専制と隷従、圧迫と偏狭を地上から永遠に除去しようと努めてゐる国際社会において、名誉ある地位を占めたいと思ふ。われらは、全世界の国民が、ひとしく恐怖と欠乏から免かれ、平和のうちに生存する権利を有することを確認する。

われらは、いづれの国家も、自国のことのみに専念して他国を無視してはならないのであつて、政治道徳の法則は、普遍的なものであり、この法則に従ふことは、自国の主権を維持し、他国と対等関係に立たうとする各国の責務であると信ずる。
日本国民は、国家の名誉にかけ、全力をあげてこの崇高な理想と目的を達成することを誓ふ。

第一章　天皇

第一条〔天皇の地位と主権在民〕
天皇は、日本国の象徴であり日本国民統合の象徴であつて、この地位は、主権の存する日本国民の総意に基く。

第二条〔皇位の世襲〕
皇位は、世襲のものであつて、国会の議決した皇室典範の定めるところにより、これを継承する。

第三条〔内閣の助言と承認及び責任〕
天皇の国事に関するすべての行為には、内閣の助言と承認を必要とし、内閣が、その責任を負ふ。

第四条〔天皇の権能と権能行使の委任〕
1　天皇は、この憲法の定める国事に関する行為のみを行ひ、国政に関する権能を有しない。
2　天皇は、法律の定めるところにより、その国事に関する行為を委任することができる。

第五条〔摂政〕

皇室典範の定めるところにより摂政を置くときは、摂政は、天皇の名でその国事に関する行為を行ふ。この場合には、前条第一項の規定を準用する。

第六条〔天皇の任命行為〕

1 天皇は、国会の指名に基いて、内閣総理大臣を任命する。

2 天皇は、内閣の指名に基いて、最高裁判所の長たる裁判官を任命する。

第七条〔天皇の国事行為〕

天皇は、内閣の助言と承認により、国民のために、左の国事に関する行為を行ふ。

一 憲法改正、法律、政令及び条約を公布すること。

二 国会を召集すること。

三 衆議院を解散すること。

四 国会議員の総選挙の施行を公示すること。

五 国務大臣及び法律の定めるその他の官吏の任免並びに全権委任状及び大使及び公使の信任状を認証すること。

六 大赦、特赦、減刑、刑の執行の免除及び復権を認証すること。

七 栄典を授与すること。

八　批准書及び法律の定めるその他の外交文書を認証すること。
九　外国の大使及び公使を接受すること。
十　儀式を行ふこと。

第八条〔財産授受の制限〕
皇室に財産を譲り渡し、又は皇室が、財産を譲り受け、若しくは賜与することは、国会の議決に基かなければならない。

第二章　戦争の放棄

第九条〔戦争の放棄と戦力及び交戦権の否認〕
1　日本国民は、正義と秩序を基調とする国際平和を誠実に希求し、国権の発動たる戦争と、武力による威嚇又は武力の行使は、国際紛争を解決する手段としては、永久にこれを放棄する。
2　前項の目的を達するため、陸海空軍その他の戦力は、これを保持しない。国の交戦権は、これを認めない。

第三章　国民の権利及び義務

第一〇条〔国民たる要件〕

日本国民たる要件は、法律でこれを定める。

第一一条〔基本的人権〕

国民は、すべての基本的人権の享有を妨げられない。この憲法が国民に保障する基本的人権は、侵すことのできない永久の権利として、現在及び将来の国民に与へられる。

第一二条〔自由及び権利の保持義務と公共福祉性〕

この憲法が国民に保障する自由及び権利は、国民の不断の努力によつて、これを保持しなければならない。又、国民は、これを濫用してはならないのであつて、常に公共の福祉のためにこれを利用する責任を負ふ。

第一三条〔個人の尊重と公共の福祉〕

すべて国民は、個人として尊重される。生命、自由及び幸福追求に対する国民の権利については、公共の福祉に反しない限り、立法その他の国政の上で、最大の尊重を必要とする。

第一四条〔平等原則、貴族制度の否認及び栄典の限界〕

1　すべて国民は、法の下に平等であつて、人種、信条、性別、社会的身分又は門地により、政治的、経済的又は社会的関係において、差別されない。
2　華族その他の貴族の制度は、これを認めない。
3　栄誉、勲章その他の栄典の授与は、いかなる特権も伴はない。栄典の授与は、現にこれを有し、又は将来これを受ける者の一代に限り、その効力を有する。

第一五条〔公務員の選定罷免権、公務員の本質、普通選挙の保障及び投票秘密の保障〕
1　公務員を選定し、及びこれを罷免することは、国民固有の権利である。
2　すべて公務員は、全体の奉仕者であつて、一部の奉仕者ではない。
3　公務員の選挙については、成年者による普通選挙を保障する。
4　すべて選挙における投票の秘密は、これを侵してはならない。選挙人は、その選択に関し公的にも私的にも責任を問はれない。

第一六条〔請願権〕
何人も、損害の救済、公務員の罷免、法律、命令又は規則の制定、廃止又は改正その他の事項に関し、平穏に請願する権利を有し、何人も、かかる請願をしたためにいかなる差別待遇も受けない。

第一七条〔公務員の不法行為による損害の賠償〕
何人も、公務員の不法行為により、損害を受けたときは、法律の定めるところにより、国又は公共団体に、その賠償を求めることができる。

第一八条〔奴隷的拘束及び苦役の禁止〕
何人も、いかなる奴隷的拘束も受けない。又、犯罪に因る処罰の場合を除いては、その意に反する苦役に服させられない。

第一九条〔思想及び良心の自由〕
思想及び良心の自由は、これを侵してはならない。

第二〇条〔信教の自由〕
1　信教の自由は、何人に対してもこれを保障する。いかなる宗教団体も、国から特権を受け、又は政治上の権力を行使してはならない。
2　何人も、宗教上の行為、祝典、儀式又は行事に参加することを強制されない。
3　国及びその機関は、宗教教育その他いかなる宗教的活動もしてはならない。

第二一条〔集会、結社及び表現の自由と通信秘密の保護〕
1　集会、結社及び言論、出版その他一切の表現の自由は、これを保障する。
2　検閲は、これをしてはならない。通信の秘密は、これを侵してはならない。

第二二条〔居住、移転、職業選択、外国移住及び国籍離脱の自由〕
1　何人も、公共の福祉に反しない限り、居住、移転及び職業選択の自由を有する。
2　何人も、外国に移住し、又は国籍を離脱する自由を侵されない。

第二三条〔学問の自由〕
学問の自由は、これを保障する。

第二四条〔家族関係における個人の尊厳と両性の平等〕
1　婚姻は、両性の合意のみに基いて成立し、夫婦が同等の権利を有することを基本として、相互の協力により、維持されなければならない。
2　配偶者の選択、財産権、相続、住居の選定、離婚並びに婚姻及び家族に関するその他の事項に関しては、法律は、個人の尊厳と両性の本質的平等に立脚して、制定されなければならない。

第二五条〔生存権及び国民生活の社会的進歩向上に努める国の義務〕
1　すべて国民は、健康で文化的な最低限度の生活を営む権利を有する。
2　国は、すべての生活部面について、社会福祉、社会保障及び公衆衛生の向上及び増進に努めなければならない。

第二六条〔教育を受ける権利と受けさせる義務〕
1　すべて国民は、法律の定めるところにより、その能力に応じて、ひとしく教育を受ける権利を有する。

2　すべて国民は、法律の定めるところにより、その保護する子女に普通教育を受けさせる義務を負ふ。義務教育は、これを無償とする。

第二七条〔勤労の権利と義務、勤労条件の基準及び児童酷使の禁止〕

1　すべて国民は、勤労の権利を有し、義務を負ふ。

2　賃金、就業時間、休息その他の勤労条件に関する基準は、法律でこれを定める。

3　児童は、これを酷使してはならない。

第二八条〔勤労者の団結権及び団体行動権〕

勤労者の団結する権利及び団体交渉その他の団体行動をする権利は、これを保障する。

第二九条〔財産権〕

1　財産権は、これを侵してはならない。

2　財産権の内容は、公共の福祉に適合するやうに、法律でこれを定める。

3　私有財産は、正当な補償の下に、これを公共のために用ひることができる。

第三〇条〔納税の義務〕

国民は、法律の定めるところにより、納税の義務を負ふ。

第三一条〔生命及び自由の保障と科刑の制約〕

何人も、法律の定める手続によらなければ、その生命若しくは自由を奪はれ、又はその他の刑罰を科せられない。

第三二条〔裁判を受ける権利〕
何人も、裁判所において裁判を受ける権利を奪はれない。

第三三条〔逮捕の制約〕
何人も、現行犯として逮捕される場合を除いては、権限を有する司法官憲が発し、且つ理由となつてゐる犯罪を明示する令状によらなければ、逮捕されない。

第三四条〔抑留及び拘禁の制約〕
何人も、理由を直ちに告げられ、且つ、直ちに弁護人に依頼する権利を与へられなければ、抑留又は拘禁されない。又、何人も、正当な理由がなければ、拘禁されず、要求があれば、その理由は、直ちに本人及びその弁護人の出席する公開の法廷で示されなければならない。

第三五条〔侵入、捜索及び押収の制約〕
1　何人も、その住居、書類及び所持品について、侵入、捜索及び押収を受けることのない権利は、第三十三条の場合を除いては、正当な理由に基いて発せられ、且つ捜索する場所及び押収する物を明示する令状がなければ、侵されない。
2　捜索又は押収は、権限を有する司法官憲が発する各別の令状により、これを行ふ。

第三六条〔拷問及び残虐な刑罰の禁止〕

公務員による拷問及び残虐な刑罰は、絶対にこれを禁ずる。

第三七条〔刑事被告人の権利〕

1　すべて刑事事件においては、被告人は、公平な裁判所の迅速な公開裁判を受ける権利を有する。

2　刑事被告人は、すべての証人に対して審問する機会を充分に与へられ、又、公費で自己のために強制的手続により証人を求める権利を有する。

3　刑事被告人は、いかなる場合にも、資格を有する弁護人を依頼することができる。被告人が自らこれを依頼することができないときは、国でこれを附する。

第三八条〔自白強要の禁止と自白の証拠能力の限界〕

1　何人も、自己に不利益な供述を強要されない。

2　強制、拷問若しくは脅迫による自白又は不当に長く抑留若しくは拘禁された後の自白は、これを証拠とすることができない。

3　何人も、自己に不利益な唯一の証拠が本人の自白である場合には、有罪とされ、又は刑罰を科せられない。

第三九条〔遡及処罰、二重処罰等の禁止〕
何人も、実行の時に適法であつた行為又は既に無罪とされた行為については、刑事上の責任を問はれない。又、同一の犯罪について、重ねて刑事上の責任を問はれない。

第四〇条〔刑事補償〕
何人も、抑留又は拘禁された後、無罪の裁判を受けたときは、法律の定めるところにより、国にその補償を求めることができる。

第四章　国会

第四一条〔国会の地位〕
国会は、国権の最高機関であつて、国の唯一の立法機関である。

第四二条〔二院制〕
国会は、衆議院及び参議院の両議院でこれを構成する。

第四三条〔両議院の組織〕
1　両議院は、全国民を代表する選挙された議員でこれを組織する。
2　両議院の議員の定数は、法律でこれを定める。

第四四条〔議員及び選挙人の資格〕
両議院の議員及びその選挙人の資格は、法律でこれを定める。但し、人種、信条、性別、社会的身分、門地、教育、財産又は収入によつて差別してはならない。
第四五条〔衆議院議員の任期〕
衆議院議員の任期は、四年とする。但し、衆議院解散の場合には、その期間満了前に終了する。
第四六条〔参議院議員の任期〕
参議院議員の任期は、六年とし、三年ごとに議員の半数を改選する。
第四七条〔議員の選挙〕
選挙区、投票の方法その他両議院の議員の選挙に関する事項は、法律でこれを定める。
第四八条〔両議院議員相互兼職の禁止〕
何人も、同時に両議院の議員たることはできない。
第四九条〔議員の歳費〕
両議院の議員は、法律の定めるところにより、国庫から相当額の歳費を受ける。
第五〇条〔議員の不逮捕特権〕
両議院の議員は、法律の定める場合を除いては、国会の会期中逮捕されず、会期前に逮捕された議員は、その議院の要求があれば、会期中これを釈放しなければならない。

第五一条〔議員の発言表決の無答責〕
両議院の議員は、議院で行つた演説、討論又は表決について、院外で責任を問はれない。
第五二条〔常会〕
国会の常会は、毎年一回これを召集する。
第五三条〔臨時会〕
内閣は、国会の臨時会の召集を決定することができる。いづれかの議院の総議員の四分の一以上の要求があれば、内閣は、その召集を決定しなければならない。
第五四条〔総選挙、特別会及び緊急集会〕
1　衆議院が解散されたときは、解散の日から四十日以内に、衆議院議員の総選挙を行ひ、その選挙の日から三十日以内に、国会を召集しなければならない。
2　衆議院が解散されたときは、参議院は、同時に閉会となる。但し、内閣は、国に緊急の必要があるときは、参議院の緊急集会を求めることができる。
3　前項但書の緊急集会において採られた措置は、臨時のものであつて、次の国会開会の後十日以内に、衆議院の同意がない場合には、その効力を失ふ。
第五五条〔資格争訟〕
両議院は、各々その議員の資格に関する争訟を裁判する。但し、議員の議席を失はせるには、出席議員の三分の二以上の多数による議決を必要とする。

第五六条〔議事の定足数と過半数議決〕

1　両議院は、各々その総議員の三分の一以上の出席がなければ、議事を開き議決することができない。

2　両議院の議事は、この憲法に特別の定のある場合を除いては、出席議員の過半数でこれを決し、可否同数のときは、議長の決するところによる。

第五七条〔会議の公開と会議録〕

1　両議院の会議は、公開とする。但し、出席議員の三分の二以上の多数で議決したときは、秘密会を開くことができる。

2　両議院は、各々その会議の記録を保存し、秘密会の記録の中で特に秘密を要すると認められるもの以外は、これを公表し、且つ一般に頒布しなければならない。

3　出席議員の五分の一以上の要求があれば、各議員の表決は、これを会議録に記載しなければならない。

第五八条〔役員の選任及び議院の自律権〕

1　両議院は、各々その議長その他の役員を選任する。

2　両議院は、各々その会議その他の手続及び内部の規律に関する規則を定め、又、院内の秩序をみだした議員を懲罰することができる。但し、議員を除名するには、出席議員の三分の二以上の多数による議決を必要とする。

第五九条〔法律の成立〕

1 法律案は、この憲法に特別の定のある場合を除いては、両議院で可決したとき法律となる。

2 衆議院で可決し、参議院でこれと異なつた議決をした法律案は、衆議院で出席議員の三分の二以上の多数で再び可決したときは、法律となる。

3 前項の規定は、法律の定めるところにより、衆議院が、両議院の協議会を開くことを求めることを妨げない。

4 参議院が、衆議院の可決した法律案を受け取つた後、国会休会中の期間を除いて六十日以内に、議決しないときは、衆議院は、参議院がその法律案を否決したものとみなすことができる。

第六〇条〔衆議院の予算先議権及び予算の議決〕

1 予算は、さきに衆議院に提出しなければならない。

2 予算について、参議院で衆議院と異なつた議決をした場合に、法律の定めるところにより、両議院の協議会を開いても意見が一致しないとき、又は参議院が、衆議院の可決した予算を受け取つた後、国会休会中の期間を除いて三十日以内に、議決しないときは、衆議院の議決を国会の議決とする。

第六一条〔条約締結の承認〕

条約の締結に必要な国会の承認については、前条第二項の規定を準用する。

第六二条〔議院の国政調査権〕

両議院は、各々国政に関する調査を行ひ、これに関して、証人の出頭及び証言並びに記録の提出を要求することができる。

第六三条〔国務大臣の出席〕

内閣総理大臣その他の国務大臣は、両議院の一に議席を有すると有しないとにかかはらず、何時でも議案について発言するため議院に出席することができる。又、答弁又は説明のため出席を求められたときは、出席しなければならない。

第六四条〔弾劾裁判所〕

1　国会は、罷免の訴追を受けた裁判官を裁判するため、両議院の議員で組織する弾劾裁判所を設ける。

2　弾劾に関する事項は、法律でこれを定める。

第五章　内閣

第六五条〔行政権の帰属〕
行政権は、内閣に属する。

第六六条〔内閣の組織と責任〕
1　内閣は、法律の定めるところにより、その首長たる内閣総理大臣及びその他の国務大臣でこれを組織する。
2　内閣総理大臣その他の国務大臣は、文民でなければならない。
3　内閣は、行政権の行使について、国会に対し連帯して責任を負ふ。

第六七条〔内閣総理大臣の指名〕
1　内閣総理大臣は、国会議員の中から国会の議決で、これを指名する。この指名は、他のすべての案件に先だつて、これを行ふ。
2　衆議院と参議院とが異なつた指名の議決をした場合に、法律の定めるところにより、両議院の協議会を開いても意見が一致しないとき、又は衆議院が指名の議決をした後、国会休会中の期間を除いて十日以内に、参議院が、指名の議決をしないときは、衆議院の議決を国会の議決とする。

第六八条〔国務大臣の任免〕
1　内閣総理大臣は、国務大臣を任命する。但し、その過半数は、国会議員の中から選ばれなければならない。

２　内閣総理大臣は、任意に国務大臣を罷免することができる。

第六九条〔不信任決議と解散又は総辞職〕

内閣は、衆議院で不信任の決議案を可決し、又は信任の決議案を否決したときは、十日以内に衆議院が解散されない限り、総辞職をしなければならない。

第七〇条〔内閣総理大臣の欠缺又は総選挙施行による総辞職〕

内閣総理大臣が欠けたとき、又は衆議院議員総選挙の後に初めて国会の召集があつたときは、内閣は、総辞職をしなければならない。

第七一条〔総辞職後の職務続行〕

前二条の場合には、内閣は、あらたに内閣総理大臣が任命されるまで引き続きその職務を行ふ。

第七二条〔内閣総理大臣の職務権限〕

内閣総理大臣は、内閣を代表して議案を国会に提出し、一般国務及び外交関係について国会に報告し、並びに行政各部を指揮監督する。

第七三条〔内閣の職務権限〕

内閣は、他の一般行政事務の外、左の事務を行ふ。

一　法律を誠実に執行し、国務を総理すること。

二　外交関係を処理すること。
三　条約を締結すること。但し、事前に、時宜によつては事後に、国会の承認を経ることを必要とする。
四　法律の定める基準に従ひ、官吏に関する事務を掌理すること。
五　予算を作成して国会に提出すること。
六　この憲法及び法律の規定を実施するために、政令を制定すること。但し、政令には、特にその法律の委任がある場合を除いては、罰則を設けることができない。
七　大赦、特赦、減刑、刑の執行の免除及び復権を決定すること。

第七四条〔法律及び政令への署名と連署〕
法律及び政令には、すべて主任の国務大臣が署名し、内閣総理大臣が連署することを必要とする。

第七五条〔国務大臣訴追の制約〕
国務大臣は、その在任中、内閣総理大臣の同意がなければ、訴追されない。但し、これがため、訴追の権利は、害されない。

第六章　司法

第七六条〔司法権の機関と裁判官の職務上の独立〕

1　すべて司法権は、最高裁判所及び法律の定めるところにより設置する下級裁判所に属する。

2　特別裁判所は、これを設置することができない。行政機関は、終審として裁判を行ふことができない。

3　すべて裁判官は、その良心に従ひ独立してその職権を行ひ、この憲法及び法律にのみ拘束される。

第七七条〔最高裁判所の規則制定権〕

1　最高裁判所は、訴訟に関する手続、弁護士、裁判所の内部規律及び司法事務処理に関する事項について、規則を定める権限を有する。

2　検察官は、最高裁判所の定める規則に従はなければならない。

3　最高裁判所は、下級裁判所に関する規則を定める権限を、下級裁判所に委任することができる。

第七八条〔裁判官の身分の保障〕

裁判官は、裁判により、心身の故障のために職務を執ることができないと決定された場合を除いては、公の弾劾によらなければ罷免されない。裁判官の懲戒処分は、行政機関がこれを行ふことはできない。

第七九条〔最高裁判所の構成及び裁判官任命の国民審査〕

1　最高裁判所は、その長たる裁判官及び法律の定める員数のその他の裁判官でこれを構成し、その長たる裁判官以外の裁判官は、内閣でこれを任命する。

2　最高裁判所の裁判官の任命は、その任命後初めて行はれる衆議院議員総選挙の際国民の審査に付し、その後十年を経過した後初めて行はれる衆議院議員総選挙の際更に審査に付し、その後も同様とする。

3　前項の場合において、投票者の多数が裁判官の罷免を可とするときは、その裁判官は、罷免される。

4　審査に関する事項は、法律でこれを定める。

5　最高裁判所の裁判官は、法律の定める年齢に達した時に退官する。

6　最高裁判所の裁判官は、すべて定期に相当額の報酬を受ける。この報酬は、在任中、これを減額することができない。

第八〇条〔下級裁判所の裁判官〕

1　下級裁判所の裁判官は、最高裁判所の指名した者の名簿によつて、内閣でこれを任命する。その裁判官は、任期を十年とし、再任されることができる。但し、法律の定める年齢に達した時には退官する。

2　下級裁判所の裁判官は、すべて定期に相当額の報酬を受ける。この報酬は、在任中、これを減額することができない。

第八一条〔最高裁判所の法令審査権〕

最高裁判所は、一切の法律、命令、規則又は処分が憲法に適合するかしないかを決定する権限を有する終審裁判所である。

第八二条〔対審及び判決の公開〕

1　裁判の対審及び判決は、公開法廷でこれを行ふ。

2　裁判所が、裁判官の全員一致で、公の秩序又は善良の風俗を害する虞があると決した場合には、対審は、公開しないでこれを行ふことができる。但し、政治犯罪、出版に関する犯罪又はこの憲法第三章で保障する国民の権利が問題となつてゐる事件の対審は、常にこれを公開しなければならない。

第七章　財政

第八三条〔財政処理の要件〕

国の財政を処理する権限は、国会の議決に基いて、これを行使しなければならない。

第八四条〔課税の要件〕

あらたに租税を課し、又は現行の租税を変更するには、法律又は法律の定める条件によることを必要とする。

第八五条〔国費支出及び債務負担の要件〕

国費を支出し、又は国が債務を負担するには、国会の議決に基くことを必要とする。

第八六条〔予算の作成〕

内閣は、毎会計年度の予算を作成し、国会に提出して、その審議を受け議決を経なければならない。

第八七条〔予備費〕

1　予見し難い予算の不足に充てるため、国会の議決に基いて予備費を設け、内閣の責任でこれを支出することができる。

2　すべて予備費の支出については、内閣は、事後に国会の承諾を得なければならない。

第八八条〔皇室財産及び皇室費用〕

すべて皇室財産は、国に属する。すべて皇室の費用は、予算に計上して国会の議決を経なければならない。

第八九条〔公の財産の用途制限〕

公金その他の公の財産は、宗教上の組織若しくは団体の使用、便益若しくは維持のため、又は公の支配に属しない慈善、教育若しくは博愛の事業に対し、これを支出し、又はその利用に供してはならない。

第九〇条〔会計検査〕

1　国の収入支出の決算は、すべて毎年会計検査院がこれを検査し、内閣は、次の年度に、その検査報告とともに、これを国会に提出しなければならない。

2　会計検査院の組織及び権限は、法律でこれを定める。

第九一条〔財政状況の報告〕

内閣は、国会及び国民に対し、定期に、少くとも毎年一回、国の財政状況について報告しなければならない。

第八章　地方自治

第九二条〔地方自治の本旨の確保〕
地方公共団体の組織及び運営に関する事項は、地方自治の本旨に基いて、法律でこれを定める。

第九三条〔地方公共団体の機関〕
1　地方公共団体には、法律の定めるところにより、その議事機関として議会を設置する。
2　地方公共団体の長、その議会の議員及び法律の定めるその他の吏員は、その地方公共団体の住民が、直接これを選挙する。

第九四条〔地方公共団体の権能〕
地方公共団体は、その財産を管理し、事務を処理し、及び行政を執行する権能を有し、法律の範囲内で条例を制定することができる。

第九五条〔一の地方公共団体のみに適用される特別法〕
一の地方公共団体のみに適用される特別法は、法律の定めるところにより、その地方公共団体の住民の投票においてその過半数の同意を得なければ、国会は、これを制定することができない。

第九章　改正

第九六条〔憲法改正の発議、国民投票及び公布〕

1　この憲法の改正は、各議院の総議員の三分の二以上の賛成で、国会が、これを発議し、国民に提案してその承認を経なければならない。この承認には、特別の国民投票又は国会の定める選挙の際行はれる投票において、その過半数の賛成を必要とする。

2　憲法改正について前項の承認を経たときは、天皇は、国民の名で、この憲法と一体を成すものとして、直ちにこれを公布する。

第十章　最高法規

第九七条〔基本的人権の由来特質〕

この憲法が日本国民に保障する基本的人権は、人類の多年にわたる自由獲得の努力の成果であつて、これらの権利は、過去幾多の試錬に堪へ、現在及び将来の国民に対し、侵すことのできない永久の権利として信託されたものである。

第九八条〔憲法の最高性と条約及び国際法規の遵守〕
1　この憲法は、国の最高法規であつて、その条規に反する法律、命令、詔勅及び国務に関するその他の行為の全部又は一部は、その効力を有しない。
2　日本国が締結した条約及び確立された国際法規は、これを誠実に遵守することを必要とする。

第九九条〔憲法尊重擁護の義務〕
天皇又は摂政及び国務大臣、国会議員、裁判官その他の公務員は、この憲法を尊重し擁護する義務を負ふ。

第十一章　補則

第一〇〇条〔施行期日と施行前の準備行為〕
1　この憲法は、公布の日から起算して六箇月を経過した日〔昭二二・五・三〕から、これを施行する。
2　この憲法を施行するために必要な法律の制定、参議院議員の選挙及び国会召集の手続並びにこの憲法を施行するために必要な準備手続は、前項の期日よりも前に、これを行ふことができる。

第一〇一条〔参議院成立前の国会〕

この憲法施行の際、参議院がまだ成立してゐないときは、その成立するまでの間、衆議院は、国会としての権限を行ふ。

第一〇二条〔参議院議員の任期の経過的特例〕

この憲法による第一期の参議院議員のうち、その半数の者の任期は、これを三年とする。その議員は、法律の定めるところにより、これを定める。

第一〇三条〔公務員の地位に関する経過規定〕

この憲法施行の際現に在職する国務大臣、衆議院議員及び裁判官並びにその他の公務員で、その地位に相応する地位がこの憲法で認められてゐる者は、法律で特別の定をした場合を除いては、この憲法施行のため、当然にはその地位を失ふことはない。但し、この憲法によつて、後任者が選挙又は任命されたときは、当然その地位を失ふ。

＊日本国憲法条文は、国立国会図書館ホームページ「日本国憲法の誕生」より転載。

＊各条文の見出しは、『現行法規総覧』衆議院法制局・参議院法制局編集（第一法規株式会社

一九五〇年）より転載。

参考文献

『日本国憲法』童話屋編集部編　童話屋　二〇〇一年
『復刊　あたらしい憲法のはなし』童話屋編集部編　童話屋　二〇〇一年
『井上ひさしの 子どもにつたえる日本国憲法』井上ひさし　講談社　二〇〇六年
『やさしいことばで日本国憲法』池田香代子訳、C・ラミス監修　マガジンハウス　二〇〇二年
『十代のきみたちへ——ぜひ読んでほしい憲法の本』日野原重明　冨山房インターナショナル　二〇一四年
『現代語訳でよむ　日本の憲法』柴田元幸訳、木村草太監修　アルク　二〇一五年
『伊藤真・長倉洋海の日本国憲法』伊藤真、長倉洋海　金曜日　二〇〇八年
『憲法なんて知らないよ』池澤夏樹　集英社　二〇〇五年
『憲法学教室　第三版』浦部法穂　日本評論社　二〇一六年
『「日本国憲法」を読み直す』井上ひさし、樋口陽一　講談社　一九九七年
『もういちど憲法を読む』樋口陽一　岩波セミナーブックス　岩波書店　一九九二年
『テレビが伝えない憲法の話』木村草太　PHP研究所　二〇一四年

『憲法と平和を問いなおす』長谷部恭男　ちくま新書　筑摩書房　二〇〇四年
『いま、憲法の魂を選びとる』岩波ブックレット　岩波書店　二〇一三年
『平和ってなんだろう「軍隊をすてた国」コスタリカから考える』足立力也　岩波ジュニア新書　岩波書店　二〇〇九年
『新版 指輪物語 全7巻』J・R・R・トールキン　評論社　一九九三年
『動物会議』エーリヒ・ケストナー　岩波書店　一九六二年
『みどりのゆび』モーリス・ドリュオン　岩波書店　二〇〇二年
『爆弾のすきな将軍』ウンベルト・エーコ　六耀社　二〇一六年
『いまこそ知りたい！ みんなでまなぶ　日本国憲法』（全三巻）明日の自由を守る若手弁護士の会編著　ポプラ社　二〇一六年
『マッカーサー大戦回顧録』ダグラス・マッカーサー　津島一夫訳　中央公論新社　二〇〇三年
「幣原先生から聴取した戦争放棄条項等の生まれた事情について」平野三郎記
一九六四年二月（「憲法資料調査会資料一六五」国立国会図書館憲政資料室所蔵）

憲法に「愛」を読む

2016年6月15日発行

著者　宮葉子

監修　弁護士 橋本智子

発行　いのちのことば社フォレストブックス
〒164-0001　東京都中野区中野2-1-5
編集　Tel.03-5341-6924　Fax.03-5341-6932
営業　Tel.03-5341-6920　Fax.03-5341-6921

ブックデザイン・吉田葉子

印刷・製本　モリモト印刷株式会社

ISBN978-4-264-03329-5 C0036